# essentials

*essentials* liefern aktuelles Wissen in konzentrierter Form. Die Essenz dessen, worauf es als „State-of-the-Art" in der gegenwärtigen Fachdiskussion oder in der Praxis ankommt. *essentials* informieren schnell, unkompliziert und verständlich

- als Einführung in ein aktuelles Thema aus Ihrem Fachgebiet
- als Einstieg in ein für Sie noch unbekanntes Themenfeld
- als Einblick, um zum Thema mitreden zu können

Die Bücher in elektronischer und gedruckter Form bringen das Expertenwissen von Springer-Fachautoren kompakt zur Darstellung. Sie sind besonders für die Nutzung als eBook auf Tablet-PCs, eBook-Readern und Smartphones geeignet. *essentials:* Wissensbausteine aus den Wirtschafts-, Sozial- und Geisteswissenschaften, aus Technik und Naturwissenschaften sowie aus Medizin, Psychologie und Gesundheitsberufen. Von renommierten Autoren aller Springer-Verlagsmarken.

Weitere Bände in dieser Reihe http://www.springer.com/series/13088

# Macht und Ohnmacht

Lena Hinkelmann · Regine Hinkelmann

Bewältigungsstrategien und Krisenkompetenz am Beispiel von Kafkas
Roman „Der Prozess"

 Springer

Lena Hinkelmann
WHU – Otto Beisheim School of
Management
Vallendar, Deutschland

Regine Hinkelmann
HINKELMANN change management
• coaching • communication
Köln, Deutschland

ISSN 2197-6708                    ISSN 2197-6716   (electronic)
essentials
ISBN 978-3-658-18819-1            ISBN 978-3-658-18820-7    (eBook)
DOI 10.1007/978-3-658-18820-7

Die Deutsche Nationalbibliothek verzeichnet diese Publikation in der Deutschen Nationalbibliografie; detaillierte bibliografische Daten sind im Internet über http://dnb.d-nb.de abrufbar.



Gedruckt auf säurefreiem und chlorfrei gebleichtem Papier

Springer ist Teil von Springer Nature
Die eingetragene Gesellschaft ist Springer Fachmedien Wiesbaden GmbH
Die Anschrift der Gesellschaft ist: Abraham-Lincoln-Str. 46, 65189 Wiesbaden, Germany

# Was Sie in diesem *essential* finden können

- Einarbeitung in ein bedeutsames literarisches Werk von Franz Kafka
- Die Auswirkungen von Macht und Ohnmacht auf die psychische Stabilität des Menschen
- Die destabilisierende Wirkung intransparenter Machtstrukturen auf die Persönlichkeit
- Literatur als Bewältigungsstrategie Franz Kafkas zur Verarbeitung seiner autobiografischen Belastungssituationen
- Kompetenzvermittlung zum Thema Bewältigungsstrategien und Krisenkompetenz im Umgang mit Macht und Ohnmacht

In den heutigen arbeits- und lebensweltlichen Kontexten erfahren Menschen zunehmend Erlebenszustände von Macht, Willkür und intransparenter Einflussnahme auf ihr Wirken. Denn in modernen Organisationen der global vernetzten Welt existieren Strukturen, die für die Betroffenen bisweilen nur eingeschränkt durchschaubar und nachvollziehbar sind. Daher werden Resilienz und Persistenz im Umgang mit den immer stärker herausfordernden Erwartungen der modernen Arbeitswelt als extrafunktionale Kompetenzen zunehmend erforderlich. Teilnehmer der heutigen Arbeitswelt können ihren Erfolg nur dann sicherstellen, wenn sie gut ausgebildete Selbstmanagementfähigkeiten wie Selbststeuerung, Selbstreflexion und Emotionsregulation aufweisen und somit eine psychische Stabilität zu diesen Strukturen entwickeln, um sich selbst ein gesunderhaltendes, motiviertes und effektives Arbeiten, Lernen und Weiterentwickeln zu ermöglichen.

In „Der Prozess" hat Franz Kafka, der 1883 in Prag geboren wurde und 1924 in Kierling bei Wien starb, viele der heute aufkommenden Themen, Strukturen und Diskurse antizipiert, sodass sich eine aufmerksame Lektüre und Analyse des Romans bzw. eine detaillierte Auseinandersetzung mit dem Werk auch heute noch lohnt. Der Roman von Franz Kafka lässt sich als eine Studie über die Macht und ihre Auswirkungen auf die Psyche des Menschen betrachten. Er thematisiert zudem die Frage nach der Schuld des Protagonisten Josef K. und dessen aus der Dynamik der Schuldvorwürfe resultierenden Emotionen, Persönlichkeitsveränderungen und Bewältigungsstrategien. Denn der Protagonist wird im Handlungsverlauf Opfer eines intransparenten Machtapparats. Der Bankangestellte Josef K. erwacht an seinem 30. Geburtstag und wird in seiner Wohnung verhaftet, ohne dass er sich irgendeiner Schuld bewusst ist. Ein ominöses Gericht – welches auf den ersten Blick wenig einschüchternd erscheint, aber im Verlauf des Werkes zur Hinrichtung des Protagonisten führt – hat seine Festnahme angeordnet und plant über ihn zu richten. Zwar darf sich Josef K. – für den Leser unverständlich – frei bewegen, doch schnell wird deutlich, dass die Machtauswirkung des Gerichts omnipräsent ist. Josef K. versucht vergeblich herauszufinden, warum er angeklagt wurde; dabei verwickelt er sich zunehmend in eine Verstrickung undurchschaubarer Gesetze und Behördenwillkür. Alle Versuche des Protagonisten, Zugang zu diesem offensichtlich rätselhaften Machtapparat zu erhalten oder etwas über die Art seiner angeblichen Schuld herauszufinden, scheitern. Durch das kontinuierlich erlebte Gefühl überwältigender Ohnmacht wird K. schließlich ein Jahr nach seiner Verhaftung – psychisch vollständig destabilisiert – widerstandslos hingerichtet.

In Kafkas Werk spielen sozialer und psychischer Druck in der Machtausübung des Gerichts eine zentrale Rolle, denn durch das Eindringen der Repräsentanten des Gerichtssystems in sämtliche Facetten der Lebens- und Arbeitswelt des Herrn K. wird dessen Persönlichkeit sukzessive destabilisiert. Dieses Thema der mangelnden Privatsphäre gewinnt auch in der heutigen Arbeitswelt durch die Digitalisierung und die signifikante Einflussnahme sozialer Medien auf die Lebenswelten der Menschen deutlich an Relevanz.

So verliert K. im Verlauf des Romans zunehmend an Privatsphäre: Die Wächter drängen sich in der Verhaftungsszene bewusst in seinen privaten Lebenskontext, in der Prüglerszene schreiten sie massiv in seinen arbeitsweltlichen Kontext ein.

Die bestehende Literatur zur Analyse des Romans Kafkas weist einige Forschungsansätze auf, die sich vor allem mit Untersuchungen zu den unterschiedlichen Facetten der Macht befassen, welchen die Hauptfigur Josef K. ausgesetzt ist. Im Folgenden soll dargestellt werden, wie die psychologische Ausdeutung des Werkes „Der Prozess" einen Beitrag zur bestehenden Forschungslandschaft bieten kann. Mithilfe dieser strukturierten Kafka-Analyse wird dem Leser nahegebracht, welche manifesten Auswirkungen die physische und vor allem psychische Gewalt des Machtsystems auf die Persönlichkeitsstruktur eines Individuums auslösen können. So nehmen die Resilienz und Persistenz des Protagonisten im Verlauf des Werkes in der Auseinandersetzung und Interaktion mit den äußeren gesellschaftlichen Machtstrukturen kontinuierlich ab – bis hin zu einer vollständigen Selbstaufgabe, welche symbolisch steht für die Omnipotenz der persönlichkeitsdestabilisierenden äußeren Rahmenbedingungen und Machtstruktur.

Franz Kafka hat in seinem Roman offenbar die aufkommenden Ängste vieler Menschen, die sich kurz vor dem Ausbruch des Ersten Weltkrieges (1914–1918) manifestierten, literarisch aufgenommen und verarbeitet. Vor dem Hintergrund der politischen Machtkämpfe dieser Zeitepoche sahen sich die Bewohner Europas einem Ohnmachtsgefühl ausgesetzt, das Kafka symbolisch durch die Undurchschaubarkeit des Gerichts und die daraus resultierenden Handlungsunfähigkeit des Protagonisten widerspiegelt.

Das Manuskript wurde unter anderem zu Teilen in der Anfertigung eines sogenannten Extended Essays im Curriculum des IB (International Baccalaureate) erstellt und mit einer besonderen Auszeichnung versehen. Aufgrund der oben beschriebenen gesellschaftlichen Relevanz haben sich die Autorinnen entschieden, den Transfer dieses Werkes der Weltliteratur auf den heutigen arbeitsweltlichen Anforderungskontext herzustellen und dabei insbesondere die Bedeutung des Emotionsmanagements und professioneller Krisenkompetenz herauszuarbeiten.

Köln, Deutschland                                              Lena Hinkelmann
Juni 2017                                                    Regine Hinkelmann

# Inhaltsverzeichnis

# Über die Autorinnen

**Lena Hinkelmann** Studentin der internationalen Betriebswirtschaftslehre an der WHU – Otto Beisheim School of Management – Wissenschaftliche Hochschule für Unternehmensführung, Vallendar bei Koblenz; International Baccalaureate, Worth School, London, Großbritannien.
lena.hinkelmann@whu.edu

**Regine Hinkelmann** M.A., Coach, über 25 Jahre Erfahrung als Change Managerin und Kommunikationsberaterin für internationale Konzerne, mittelständische Unternehmen und Unternehmer, Unternehmensgründer, Verbände, politische und soziale Organisationen sowie private Klienten; Top-Coach ausgewählt von FOCUS Network und XING, für die Themen Führungskräfte Coaching und Change Management Coaching. Ausbilderin von Coaches und Change Managern; langjährige Erfahrung als Ausbildern von Coaches und Change Managern u. a. als ehemaliges Mitglied des Leitungsteams der Ausbildung „Systemisches Coaching und Change-Management" am INeKO –

Institut an der Universität zu Köln, Trägerin des
Coaching-Förderpreises der GwG, Gesellschaft für
wissenschaftliche Gesprächsführung, Geschäfts-
führerin des Unternehmens:

HINKELMANN
change management
coaching & communication
Peter-Kintgen-Straße 4
50935 Köln
www.hinkelmann-cc.com
hinkelmann@hinkelmann-cc.com

Der Roman „Der Prozess" – alle Angaben beziehen sich auf die Ausgabe der Suhrkamp Basis Bibliothek, 8. Auflage, 2013 – von Franz Kafka (Abb. 1.1) entstand wenige Wochen nach Ausbruch des Ersten Weltkrieges in der literarischen Epoche des Fin de Siècle. Das Werk zählt zur Weltliteratur und ist nach Meinung der Fachwelt von Ambivalenzen und Rätseln durchsetzt. Es wurde in eine Vielzahl von Richtungen interpretiert, darunter theologische, philosophische, marxistische, existenzielle sowie psychoanalytische und autobiografische Deutungen.

Eines der zentralen Themen des Romans ist die Frage nach der Schuld des Protagonisten Josef K. Die 161 Manuskriptblätter Kafkas, die 1925 posthum von

**Abb. 1.1** Franz Kafka. (Quelle: https://upload. wikimedia.org/wikipedia/ commons/d/d3/Franz_ Kafka_1917.jpg)

© Springer Fachmedien Wiesbaden GmbH 2018

1

L. Hinkelmann und R. Hinkelmann, *Macht und Ohnmacht,* essentials, DOI 10.1007/978-3-658-18820-7_1

Kafkas Nachlassverwalter Max Brod veröffentlicht wurden, lassen sich auch als eine Studie über die Macht und ihre destabilisierenden Auswirkungen auf die Persönlichkeitsstruktur des Protagonisten sowie dessen schwachen Bewältigungsstrategien betrachten. So wird K. im Handlungsverlauf von einem intransparenten Machtapparat festgenommen, angeklagt und schließlich hingerichtet.

Die Auseinandersetzung mit Aspekten wie Herrschaft und Dominanz prägte zu Beginn des 20. Jahrhunderts viele Intellektuelle: etwa in den Überlebenskampf-Szenarien der Sozialdarwinisten, die eine natürliche Selektion der Völker forderten, oder in Friedrich Nietzsches Verherrlichung des Willens zur Macht (Nietzsche 1883). Diese Gedankenströme beeinflussten auch Kafka beim Verfassen des Romans im Epochenjahr 1914.

„Der Prozess" beschreibt die Geschichte des Bankangestellten Josef K., der, „ohne dass er etwas Böses getan hätte" (Kafka 2000, S. 9), in seiner Wohnung verhaftet wird, seltsamerweise aber auf freiem Fuß bleibt. Ein ominöses Gericht hat die Festnahme von K. angeordnet. Diese Institution der Machtausübung erscheint für den Leser auf den ersten Blick alles andere als einschüchternd: Die Beamten tragen schäbige Kleidung, die Richter tagen in Mietshäusern am Stadtrand, die Kanzlisten arbeiten in Dachkammern hinter Bretterverschlägen und Strafen werden in einer Rumpelkammer exekutiert. Die Kehrseite der Alltäglichkeit des Gerichtssystems ist seine Allgegenwärtigkeit: Wie in einem Albtraum scheint die Macht der Richter mit den Gedanken und Wünschen des Angeklagten verknüpft. Josef K. selbst ist es offenbar, der ungewollt jene Wächter herbeiruft, die ihn verhaften. Alle Versuche, die der Protagonist unternimmt, um Zugang zu diesem offenkundig unnachvollziehbaren Gerichtsapparat zu erlangen oder etwas über die Inhalte der Schuldvorwürfe zu erfahren, scheitern. Schließlich wird K. ein Jahr nach seiner Verhaftung – erniedrigt und psychisch vollständig destabilisiert – hingerichtet.

Der Roman ist durchgängig von einer düster-rätselhaften Atmosphäre durchzogen, und es drängt sich die Frage auf, wie es Kafka gelingen konnte, eine derartige Stimmung zu schaffen, wenngleich das herrschende Gerichtssystem mit seinen Funktionsträgern und Handlangern auf den ersten Blick keinesfalls mächtig erscheint, da es etwa auf die klassischen Insignien der Macht wie das Tragen von Abzeichen, Uniformen oder Waffen verzichtet.

Zur Expertise Kafkas in Bezug auf das Thema Macht bemerkte bereits der Literaturnobelpreisträger Elias Canetti: „Unter allen Dichtern ist Kafka der größte Experte der Macht. Er hat sie in jedem ihrer Aspekte erlebt und gestaltet" (Canetti 1970, S. 86).

# Zur Definition von Macht und Ohnmacht

Es existieren zahlreiche wissenschaftliche Definitionen von Macht mit unterschiedlichen Schwerpunkten, so etwa philosophische, politische, linguistische, soziologische und psychologische. Der Begriffsinhalt von „Macht" hat im allgemeinen Sprachgebrauch eine tendenziell aggressive Bedeutung; in Medien wird häufig von „Machtübernahmen" und „Machtdemonstrationen" gesprochen.

Der Duden definiert „Macht" als „Befugnis, den eigenen Willen gegenüber anderen und gegen Widerstände durchzusetzen [...], Einfluss zu nehmen, Herrschaft, Gewalt, Befehlsgewalt" (Krämer et al. 1982, S. 551). Diese Definition baut auf den Gedanken Max Webers auf: „Macht bedeutet jede Chance, innerhalb einer sozialen Beziehung den eigenen Willen auch gegen Widerstreben durchzusetzen, gleichviel, worauf diese Chance beruht" (Weber 2002, S. 28).

Aus philosophischer Sicht beschreibt der französische Philosoph Michel Foucault einen Zustand ohne Macht als ein vollkommenes Gleichgewicht der Menschen untereinander (Marti 1999, S. 119). Nach Foucault verändert die Ausübung von Macht von einer auf die andere Person das Gleichgewicht und die Gerechtigkeit zwischen den Menschen. Macht wird aus Sicht Foucaults als unfairer Vorteil gesehen; als „[...] keine Sache, die man innehat, kein Eigentum, das man überträgt; sondern eine Maschinerie, die funktioniert" (Foucault 1993, S. 229).

Politisch ist der Machtbegriff in Deutschland negativ konnotiert. Aufgrund des Holocausts wird in Deutschland von zahlreichen Politikern und Publizisten vor einer Konzentration der Macht auf ein Individuum oder eine Organisation grundsätzlich gewarnt. In anderen Kulturkreisen wird der Begriff deutlich weniger negativ gesehen. Im englischen Sprachgebrauch assoziiert man mit dem Begriff „power" durchaus etwas Positives und das spanische Äquivalent „poder" bedeutet als Verb lediglich „können" bzw. „imstande sein, etwas zu tun" – wie auch im Lateinischen. In der deutschen Sprache löst der Begriff Macht häufig negative Assoziationen aus. Herrschaft verbinden viele Deutsche mit einer meist unrechtmäßigen Ausübung

© Springer Fachmedien Wiesbaden GmbH 2018
L. Hinkelmann und R. Hinkelmann, *Macht und Ohnmacht*, essentials,
DOI 10.1007/978-3-658-18820-7_2

von Macht über das Volk. Diese Verbindung von Macht und Herrschaft existiert in anderen Sprachen nicht. Auch Begriffe wie Machtergreifung, Machtapparat, Achsenmächte und andere Termini aus der Wortfamilie Macht lösen die oben beschriebenen Assoziationen aus und sind daher tendenziell negativ konnotiert.

Der Psychologe und Begründer der modernen Sozialpsychologie Kurt Lewin (1890–1947) beschreibt Macht als den „Quotienten der maximalen Kraft, die B über A hat und den maximalen Widerstand, den A aufbieten kann" (Lewin 1963, S. 75).

Im Jahre 1959 haben die Sozialpsychologen French und Raven die Gründe für Macht in fünf Kategorien unterteilt (Haberle 2013).

- Legitime Macht (Autorität, Position in Organisationsstruktur),
- Macht durch Belohnung (finanziell oder in Form von Lob, Beförderung etc.),
- Macht durch Zwang (Angst vor Versagen, Zurückhalten von Belohnungen),
- Macht durch Identifikation (Charisma des Machthabers, Verehrung als Idol),
- Macht durch Wissen (situationsbezogen, beschränkt auf spezielle Bereiche).

Der Soziologe Max Weber definiert Macht in seinem 1922 posthum veröffentlichten Werk „Wirtschaft und Gesellschaft" als „[…] jede Chance, innerhalb einer sozialen Beziehung den eigenen Willen auch gegen Widerstreben durchzusetzen, gleichviel worauf diese Chance beruht" (Weber 2002, S. 28). Eine wesentliche Voraussetzung von Macht ist nach Weber die Herrschaft. Sie schaffe ein Verhältnis von Überlegenheit, unter welcher Macht ausgeübt werden könne und aus der Gehorsam resultiere (Weber 2002, S. 28).

Im Rahmen der folgenden Literaturanalyse wird der Begriff Macht primär im Sinne Webers verstanden. Denn Josef K. erlebt zahlreiche Situationen, in denen er sich gegen seinen Willen anderen unterwerfen muss und unter der Herrschaft eines perfekt funktionierenden Machtsystems leidet.

# Autobiografischer Kontext Kafkas – Literatur als Bewältigungsstrategie für Kafka 3

Schon in seiner Kindheit kam Kafka häufig mit negativen Formen der Machtausübung in Kontakt. So beschreibt er in „Brief an den Vater in der sogenannten Pawlatschenszene, wie ihm sein Vater durch übergroße Strenge und Willkür auf erniedrigende Weise das Gefühl von Ohnmacht vermittelte". Kafka verweist noch im Erwachsenenalter auf den erheblichen „inneren Schaden" (Kafka 2008, S. 11) den er durch dieses Ereignis erlitt und beschreibt: „Noch nach Jahren litt ich unter der quälenden Vorstellung, dass der riesige Mann, mein Vater, die letzte Instanz, fast ohne Grund kommen und mich in der Nacht aus dem Bett auf die Pawlatsche [Damit war ein offener Hauseingang gemeint – Anmerkung durch die Autorinnen.] tragen konnte und dass ich also ein solches Nichts für ihn war" (Kafka 2008, S. 11).

In psychologischer Hinsicht sticht im Roman der Macht-Ohnmacht-Aspekt in der Auseinandersetzung mit Autorität hervor. Kafka selbst erfuhr dies sehr schmerzhaft im Umgang mit seinem dominanten, rechthaberischen und bisweilen tyrannisch auftretenden Vater. Er verarbeitete diese Erfahrungen in seinem Roman „Brief an den Vater". Dieser liefert zum einen eine detaillierte Studie des autoritären Charaktertypen in all seinen Facetten. Zum anderen verdeutlicht das literarische Stück die verheerende Wirkung der Machtausübung des Vaters auf die Psyche seines Sohnes. Jenes sieht sich einem Zwiespalt gegenüber: es trudelt zwischen Empörung und Schuldgefühl, Widerstand und Fügung, Gegenwehr und ängstlichem Gehorsam gegenüber ausgeübter Herrschaftsgewalt.

Analog zum „Prozess" beruhen die Machtausübungen durch Kafkas Vater nicht auf einer durch Autorität begründeten Ordnung, sondern lassen sich als Sanktionierung beschreiben, bei der nicht Gerechtigkeit, sondern Macht und Willkür im Vordergrund stehen. Kafka beschreibt die Erziehungsmaßnahmen seines Vaters wie folgt: „Man wurde gewissermaßen schon bestraft, ehe man noch wusste, dass man was Schlechtes getan hatte" (Kafka 2008, S. 24). Ähnlich wie Franz Kafka geht es auch dem Hauptcharakter des „Prozess" Josef K. Er stellt

© Springer Fachmedien Wiesbaden GmbH 2018
L. Hinkelmann und R. Hinkelmann, *Macht und Ohnmacht,* essentials,
DOI 10.1007/978-3-658-18820-7_3

bald fest, dass es ein Ende des Prozesses nicht geben wird, nur eine Verschleppung oder einen scheinbaren Freispruch. Beides kommt einem lebenslangen Leiden gleich. K. lebt, wie Kafka in seiner Kindheit, mit einem Gefühl permanenter und subtiler Bedrohung: K. durch das Gericht und den Prozess, Kafka durch den übermächtigen Vater – beide ohne zu wissen, was sie getan haben, ohne sich einer Schuld bewusst zu sein, ohne Einflussnahme auf die Ereignisse und ohne zu wissen, wann es zu einem Zugriff, zu einer Eskalation kommen mag.

Kafka thematisiert diese Art „disziplinarischen Ordnungsrechts" (Abraham 1985, S. 269) ebenfalls im „Prozess". Im Kontrast zur rechtsstaatlichen Justiz, welche dem Verdächtigen solange die Unschuld zuschreibt bis seine Schuld ohne Zweifel bewiesen ist, lässt sich das disziplinarische Ordnungsrecht so beschreiben: Menschen, die Aufmerksamkeit auf sich lenken, machen sich verdächtig und tragen die Verantwortung für ihren Zustand.

Darüber hinaus wurde „Der Prozess" von weiteren autobiografischen Ereignissen Kafkas beeinflusst: der Autor verfasste das Werk nach seiner zweiten Entlobung mit Felice Bauer; er fühlte sich nach eigenen Angaben nicht nur Felice Bauer, sondern auch seiner Familie gegenüber schuldig. Kafka scheint sich mit dem Protagonisten Josef K. zu identifizieren, welchem er das Initial seines Nachnamens zuschreibt. Zudem gestaltet er die Figur als Prokuristen bei einer Bank; hierbei handelt es sich um eine Rolle mit einer Tätigkeit, die Kafkas eigenem beruflichen Hintergrund bei einer Versicherung sehr ähnlich ist. Auch mit dem verlobten Wächter Franz, welchem er seinen Vornamen gibt (Kafka 2000, S. 94), scheint er sich zu identifizieren. Kafka schreibt beiden Charakteren, Josef K. und dem Wächter Franz, Schuld zu. Während der Protagonist K. verhaftet, angeklagt und schließlich hingerichtet wird, exekutiert die Romanfigur mit Namen „Prügler" eine Gewaltstrafe an Wächter Franz aufgrund einer Beschwerde, die über ihn eingereicht wurde.

Darüber hinaus weisen die Daten des Romans eine autobiografische Parallele zwischen dem Protagonisten und dem Autor auf: Die Verhaltung K.s findet an dessen 30. Geburtstag statt, genau in diesem Alter verlobte sich Kafka. Die Hinrichtung geschieht am Vorabend zu Josef K.s 31. Geburtstag. Am Vorabend zu seinem 31. Geburtstag löste Kafka seine Verlobung mit Felice Bauer auf (Alt 2005, S. 219). Er fährt zu ihr und hält eine folgenschwere Ansprache in ihrem Hotelzimmer. Hier zeigen sich Parallelen zu der Untersuchung in der Verhaftungsszene, welche in dem Zimmer der Frau Bürstner, K.s Nachbarin in der Pension, stattfindet. Somit führt Kafka auch einen literarischen Prozess mit sich selbst, verurteilt sich und fühlt sich schuldig. Er empfindet auch seiner Familie gegenüber große Schuldgefühle, da er bereits zuvor schon einmal seine Verlobung mit Felice Bauer aufgelöst hatte. Diese Schuld, dieser innere Prozess, findet sich auch im fragmentarischen Werk „Der Prozess" wieder. Das zentrale Thema besteht darin, schuldig zu sein ohne etwas getan zu haben.

Auch der historische Kontext zu Kafkas Biografie findet sich in seinem literarischen Werk. Es spiegelt die typisch deutsche Untertanenmentalität wieder, welche durch ihr fehlendes Rückgrat, ihren Obrigkeitsglauben und ihre Schicksalsergebenheit zwei Weltkriege und den Nationalsozialismus wesentlich mittrug – anfänglich mit Begeisterung, später mit lustloser Pflichterfüllung und zum Ende hin mit Kadavergehorsam, stets dem Grundsatz folgend: lieber eine schlechte als gar keine Autorität. Hierin zeigt sich ein historisches, typisch deutsches Dilemma: die Duldung der Ausübung von Macht. Dahinter steckt in vielen Fällen die Überzeugung, dass es mit der Ausübung von Macht seine Richtigkeit haben werde. Dass sich Joseph K. dem Gerichtssystem weitgehend widerstandslos unterordnet, resultiert aus seinem Glauben an die moralische Integrität des Rechtsstaats. Im Endeffekt akzeptieren beide – Joseph K. und Kafka – die willkürliche Machtausübung durch den Staat und unterwerfen sich, entgegen des eigenen Gerechtigkeitsempfindens.

# Exemplarische Szenen zur Darstellung der Machtausübung und deren Auswirkung auf die Persönlichkeitsstruktur des Protagonisten 4

Kafka verwendet in seinem Werk „Der Prozess" den Stil des personalen Erzählers, wodurch er die Handlung aus der Sicht des Protagonisten K. beschreibt. Die personale Erzählweise bietet sich für Kafkas „Prozess" an, weil sie die Atmosphäre des Unheimlichen und Unerklärbaren untermalt. Da dem Leser aufgrund der Erzählweise keine objektive Schilderung der Geschehnisse gegeben wird, bleibt unklar, ob die Welt außerhalb der Gedanken K.s existiert oder ob sie lediglich ein Produkt K.s subjektiver Wahrnehmung ist. Die konsequente Verwendung der personalen Erzählweise führt dazu, dass der Leser unmittelbar in die Lage des Protagonisten transferiert wird. Dies ermöglicht dem Leser, K.s Ohnmachtsgefühle nachzuvollziehen: der Leser befindet sich in derselben Unwissenheit wie Josef K.

Im Folgenden werden drei exemplarische Szenen analysiert, die repräsentativ für die Formen der Willkür und Machtausübung des Herrschaftssystems gegenüber dem Protagonisten Josef K. stehen. Darüber hinaus werden die intransparenten, zum Teil paradox erscheinenden Strukturen des Machtsystems sowie die für K. erlebten Erniedrigungen und Ohnmachtsgefühle detailliert dargelegt.

## 4.1 Die Verhaftungsszene

Bereits am Anfang des Romans wird das Hauptmotiv – die Ausübung von Macht und Willkür durch undurchschaubare Exekutionsstrukturen deutlich. Das Stück beginnt mit der Aussage „Jemand musste Josef K. verleumdet haben, denn ohne dass er etwas Böses getan hätte, wurde er eines Morgens verhaftet" (Kafka 2000, S. 9). Der Satz ist aus der personalen Erzählperspektive verfasst. Der Konjunktiv im Potenzialis „musste" drückt Unsicherheit aus und lässt offen, ob K. wirklich verleumdet wurde oder ob dies eine Annahme K.s ist.

© Springer Fachmedien Wiesbaden GmbH 2018
L. Hinkelmann und R. Hinkelmann, *Macht und Ohnmacht,* essentials,
DOI 10.1007/978-3-658-18820-7_4

Zwar sind die Wächter berechtigt, K. festzunehmen, sie kennen jedoch nicht den Grund dafür. Dies betont, dass die Wächter tendenziell Instrumente der Machtausübung und Willkür sind, die nicht selbstständig handeln, sondern von höheren Machtinstanzen gesteuert werden: „Ich kann Ihnen auch durchaus nicht sagen, daß Sie angeklagt sind oder vielmehr, ich weiß nicht, ob Sie es sind. Sie sind verhaftet, das ist richtig, mehr weiß ich nicht" (Kafka 2000, S. 20).

Fragen, die K. an den Wächter Franz stellt, werden ignoriert oder mit Spott beantwortet. Auf den Imperativ „Anna soll mir das Frühstück bringen" (Kafka 2000, S. 9) folgt „ein kleines Gelächter im Nebenzimmer" (Kafka 2000). Die Tatsache, dass die Wächter nur „niedrige Angestellte" (Kafka 2000, S. 14) sind und trotzdem Arroganz gegenüber K. zeigen, drückt K. in die unterste Machtposition und in ein Erleben von Erniedrigung und Ohnmacht. Schon beim Eintreten erscheinen die Wächter in physischer Überlegenheit. K. befindet sich in einer liegenden, hilflosen Haltung (Kafka 2000, S. 9), während die Wächter stehen. Diese körperliche Position steht symbolisch für die Demütigung und das Ohnmachtsgefühl des Protagonisten.

Eine ebenfalls wichtige Rolle in der Unterdrückung K.s spielt psychischer Druck. Denn die Wächter können nicht nur körperliche Aggressionen, sondern auch psychische Gewalt ausüben: Wenn K. schreit, werden die Wächter „ganz ruhig, ja fast traurig" (Kafka 2000, S. 17). Dies hat zur Folge, dass K. den Widerstand aufgibt und sich in einen Zustand der Wehrlosigkeit und Selbstaufgabe begibt. Sie bringen ihn durch Betroffenheit zum Einlenken, wodurch ihnen die Arbeit erleichtert wird (Kafka 2000).

Auch der Auftritt des Aufsehers sorgt bei K. für Verwirrung, da einer von ihnen sich als K.s Vertrauter und als einer „[…] von allen Mitmenschen", die K. nun „am nächsten stehen" (Kafka 2000, S. 14), präsentiert. Dieses Verhalten löst beim Protagonisten Befremden und Verwirrung aus und symbolisiert somit eine weitere Form der Ausübung psychischen Drucks. Der Aufseher wirft K. vor, dass er „sich in der Lage nicht fügen könne und dass er es darauf angelegt zu haben scheine, uns [die Aufseher – Anmerkung durch die Autorinnen – ] […] nutzlos zu reizen!" (Kafka 2000, S. 14). Diese Aussage erscheint dem Leser als paradox, denn die Wächter verlangen, dass K. sich verständnisvoll gegenüber einem für ihn selbst unerklärlichen Vorgang zeigen soll. Dieser Widerspruch macht die Situation für den Protagonisten unverständlich und unnachvollziehbar, folglich steht die Paradoxie metaphorisch für die Willkür und das Ohnmachtsgefühl, in das K. gedrängt wird.

Des Weiteren wird auch sozialer Druck auf den Protagonisten ausgeübt, da seine Verhaftung öffentlich stattfindet: sowohl K.s Nachbarn als auch Kollegen aus der Bank können die Verhaftung durch ein Fenster beobachten. Dadurch erlebt K. einen Verlust an Privatsphäre, er wird den Gefühlen von Demütigung und Scham ausgesetzt.

## 4.2 Die Prüglerszene

Auch die Prüglerszene verdeutlicht die verschiedenen Facetten der Machtausübung. Nachdem K. sich in seiner Beschwerderede an den Untersuchungsrichter über das für ihn unnachvollziehbare Verhalten der Wächter Franz und Wilhelm negativ geäußert hatte, findet er diese unerwarteter Weise in einer „Rumpelkammer" (Kafka 2000, S. 93) an seinem Arbeitsplatz vor. Dort werden sie von dem sogenannten Prügler aufgrund der Beschwerde K.s ausgepeitscht. Schon die äußere Erscheinung des Prüglers verkörpert Macht und Willkür. Josef K. beschreibt ihn als einen „[…] Mann, der die anderen offenbar beherrschte und zuerst den Blick auf sich lenkte […]" (Kafka 2000, S. 93). Auch seine Kleidung, „eine Art dunkle Lederkleidung, die den Hals bis tief zur Brust und die ganzen Arme nackt ließ" (Kafka 2000, S. 93), wirkt auf K. aggressiv und bedrohlich. Die Rute, mit der Franz und Wilhelm bestraft werden, symbolisiert die Brutalität des Prüglers. Mit der Aussage „Ich bin zum Prügeln angestellt, also prügle ich" (Kafka 2000, S. 96) weist der Prügler jede individuelle Verantwortung für die Brutalitäten, die er begeht, von sich und versteckt sich hinter seinem Auftrag. Anstatt die Bestrafungen der beiden Wächter zu hinterfragen, geht der Prügler davon aus, dass „[…] die Strafe […] als ebenso gerecht wie unvermeidlich […]" (Kafka 2000, S. 94) anzusehen sei.

Obwohl K. in diesem Roman gewöhnlich im Handlungsmittelpunkt steht, befindet er sich in der Prüglerszene in der Rolle des Beobachters. Er wird lediglich durch „Seufzer" (Kafka 2000, S. 93) auf den Raum aufmerksam, den er zuvor nicht kannte und in welchem er nur „eine Rumpelkammer vermutet hatte" (Kafka 2000, S. 93). Der Protagonist öffnet die Tür, da ihn „eine derart unzähmbare Neugierde" (Kafka 2000, S. 93) drängte, „daß er die Tür förmlich aufriss" (Kafka 2000, S. 93). Dies erweckt den Anschein, dass Josef K. unter dem Zwang einer unsichtbaren Macht steht.

Der Akt des Prügelns wurde von einer höheren Machtinstanz in die „Rumpelkammer" (Kafka 2000, S. 93) – nahe des Arbeitsplatzes von K. – befohlen, damit K. diesen Vorfall miterlebe. K. erfährt von den Wächtern, dass die ihnen gegenüber ausgeübte Prügelstrafe wegen K.s Beschwerde exekutiert wird. Somit entstehen bei K. Gewissensbisse und Mitleid gegenüber den Wächtern Franz und Wilhelm. Mithilfe der bei K. erzeugten Schuldgefühle bewirkt der Machtapparat, dass K. keinen weiteren Widerstand gegenüber den gerichtlichen Vorgehensweisen ausübt – aus Angst vor den Konsequenzen für die Handlanger Franz und Wilhelm.

Außerdem werden Ohnmachtsgefühle bei K. ausgelöst. Denn K. erlebt eine starke Ambivalenz: Zum einen fühlt er sich als Beobachter mitverantwortlich für die Lage der Wächter, zum anderen ist es ihm nicht möglich, Gnade für diese zu erwirken. Auch die Auswahl der Lokalität sorgt für das Auslösen eines Ohnmachtsgefühls, da diese Situation an K.s Arbeitsplatz stattfindet, an welchem er sonst eine ranghohe Position innehat. Das somit entstehende Gefühl von Erniedrigung und Entmachtung steht konträr zu K.s gewohnter Machtposition am Arbeitsplatz. Somit breiten sich die Facetten der Ohnmacht, welche zuvor nur in K.s Privatleben auftraten, auch in seinem beruflichen Leben aus.

## 4.3    Die Hinrichtungsszene

Auch in der Hinrichtungsszene (Abb. 4.1), in welcher der Protagonist ermordet wird, stehen die Themen Ohnmacht und Wehrlosigkeit K.s im Mittelpunkt und werden anhand des Stilmittels der Paradoxie verdeutlicht. Denn K. selbst ist es, der offenbar seine Henker bestellt: Er ist „[…] schwarz angezogen" (Kafka 2000, S. 239) und wartet auf ihr Kommen, „in der Haltung, wie man Gäste erwartet" (Kafka 2000, S. 239). Die Henker betreten K.s Haus in „Gehröcken" (Kafka 2000, S. 239), sie sind „bleich und fett" (Kafka 2000, S. 239) und ihre Köpfe von „scheinbar unverrückbaren Zylinderhüten" (Kafka 2000, S. 239) bedeckt. Das Adjektiv „bleich" (Kafka 2000, S. 239) lässt sich als metaphorische Prolepsis für den Tod deuten, während „unverrückbar" (Kafka 2000, S. 239) die Ausweglosigkeit der Situation und die erlebte Machtlosigkeit charakterisiert. Obwohl die Kleidung der Henker Assoziationen zu einer Beerdigung aufkommen lässt, findet nach K.s Ermordung keine Bestattung statt. Diese Form der Menschenverachtung hat System: „[…] Wo ein idealer Machtapparat herrscht, gibt es keine ordentlichen Begräbnisse. Der Verstorbene soll sofort dem Vergessen anheimfallen" (Zimmermann 1985, S. 248).

Die Art, wie K. zu seiner Ermordung abgeführt wird, lässt auf eine Assimilation des Angeklagten mit der Macht schließen. Die Henker hängen sich bei Josef K. auf eine Weise ein, „wie K. noch niemals mit einem Menschen gegangen war. Sie hielten die Schultern eng hinter den seinen, knickten die Arme nicht ein, sondern benützten sie, um K.s Arme in ihrer ganzen Länge zu umschlingen, unten erfaßten sie K.s Hände mit einem schulmäßigen, eingeübten, unwiderstehlichen Griff" (Kafka 2000, S. 240). Dies symbolisiert eine eigenartige Methode der Abführung, die zwar dem Delinquenten keine Bewegungsmöglichkeiten lässt, diese aber auch die beiden Henker vollständig einengt und mit dem Angeklagten untrennbar verbindet, denn „sie bildeten jetzt alle drei eine solche Einheit, daß, wenn man einen von ihnen zerschlagen hätte, alle zerschlagen gewesen wären" (Kafka 2000, S. 240).

**Abb. 4.1** Hinrichtungsszene. (Quelle: C.O. Bartning, Lithografie 1969, Illustration zu Frank Kafka „Der Prozess, Blatt 4, die Hinrichtung")

Mörder und Opfer sind somit verschlungen zu einer „Einheit, wie sie fast nur Lebloses bilden kann" (Kafka 2000, S. 240). Der Begriff „leblos" kann ebenfalls als eine Prolepsis auf die Hinrichtung interpretiert werden. Er bezieht sich sowohl auf K. als auch auf die Henker. K. verhält sich insofern leblos, als dass er sich ohne Widerstand zu seiner eigenen Hinrichtung abführen lässt. Er hat durch seine Machtlosigkeit gegenüber dem Gerichtssystem jegliche Resilienz und Motivation zu überleben verloren, was ihn schon vor seinem Tod zu etwas „Leblosem" (Kafka 2000, S. 240) macht. In dieser Szene offenbart sich eine „Einheit der Macht" (Kafka 2000, S. 240), eine Gleichschaltung, welche die Exekutoren und Josef K. beinahe identisch werden lässt. Diese Handlanger der Macht sind zwar Lebewesen, aber auch Werkzeuge, die ihre Daseinsberechtigung durch das gerichtliche Machtsystem erhalten. Ihre Körper scheinen eine zweckmäßige Hülle zu bilden, Gedanken und Willen unterliegen jener höheren Instanz, die kein eigenständiges Leben zulässt: Die Henker führen – bedenkenlos und grausam – den Befehl aus, K. zu töten. Der Autor impliziert den Einfluss einer höheren Macht auf die Ausführungen der personalen Machtrepräsentanz durch das Adjektiv „mechanisch" (Kafka 2000, S. 241), mit dem die Gesten und Bewegungen der Henker beschrieben werden.

K. muss sich vor der Hinrichtung seiner Kleider entledigen. Dieser Vorgang wird durch eine klimaxartige Akkumulation beschrieben, wie einer der beiden Scharfrichter ihm „den Rock, die Weste und schließlich das Hemd aus[zieht]" (Kafka 2000, S. 243). Anschließend „legt er die Sachen sorgfältig zusammen, wie Dinge die man noch gebrauchen wird, wenn auch nicht in allernächster Zeit" (Kafka 2000, S. 243). Im Zusammenhang mit K.s Entkleidung werden Assoziationen zum Schicksal von Millionen ermordeter Menschen zur Zeit des Dritten Reiches wach: Sie wurden ebenfalls aus dem Bett geholt, mussten sich anziehen, später wieder entkleiden und wurden hingerichtet.

Die vollständige Selbstaufgabe des Protagonisten wird auch dadurch charakterisiert, dass er sich seinen Henkern gegenüber entgegenkommend zeigt und ihm die „nötige Kraft" fehlt (Kafka 2000, S. 242). Auch die liegende Position K.s während der Hinrichtung (Kafka 2000, S. 243) illustriert seine Opferrolle und sein Ohnmachtserleben.

Schließlich hat die Art, wie K. getötet wird, eine symbolische Bedeutung: einen Stich ins Herz durch „ein langes, dünnes, beiderseitig geschärftes Fleischmesser" (Kafka 2000, S. 243). Das Herz steht metaphorisch für den Ort, an dem die Gefühle vereint sind. Es symbolisiert zudem die Liebe bzw. auch die Liebe zu sich selbst und damit den Glauben an die eigene Persönlichkeit. Des Weiteren steht das Herz, als durchgehend arbeitender Muskel, metaphorisch für Lebensenergie, Ausdauer und Durchhaltevermögen. Mit einem Stich ins Herz besiegt die Gerichtsorganisation K.s Überlebensenergie. Das Gerichtssystem erreicht den Höhepunkt seiner Macht, K. befindet sich auf dem Gipfel der Ohnmacht – und stirbt.

# Zur Analyse der Machtstrukturen 5

Die Machtstruktur des Gerichts lässt sich zum einen durch eine einfache Hierarchie, zum anderen durch erhebliche Komplexität charakterisieren. Die Wächter, die sich in der Hierarchie ganz unten befinden, erhalten klare Anweisungen, wie sie sich verhalten und welche Aufträge sie ausführen sollen. Anders verhält es sich hingegen bei den höheren Machtinstanzen wie Advokaten und Untersuchungsrichtern. Deren Verhalten ist meist geprägt von diffusen Reden und von einer zum Teil verwirrenden Aktenführung. Dem Angeklagten bleiben tiefere Einsichten in das System verwehrt. Je weiter K. in der Machthierarchie versucht, nach oben zu gelangen, um Klarheit zu erreichen, umso komplexer und verwirrender werden die Machtstrukturen. Absolut diffus ist schließlich der Eindruck von den obersten Machtinstanzen – vom Gesetz und dem obersten Richter, von dem nur vermutet werden kann, dass er überhaupt existiert.

Die Macht des Gerichts erscheint nicht als ein durchgängiges System repressiver Herrschaft, sondern vielmehr als dezentrales Verästelungssystem, das in seiner Komplexität kaum zu durchschauen ist. Die höchste Instanz stellt der oberste Richter beim obersten Gericht dar, den Josef K. niemals zu sehen bekommt (Kafka 2000, S. 244). Die tatsächliche Existenz dieses obersten Richters scheint in gewisser Weise überflüssig, denn allein die Vorstellung, dass es einen solchen Richter geben könnte, erzielt bei K. bereits den einschüchternden Effekt der Macht.

Bedeutsam ist auch, dass Kafka im Roman zeigt, wie durch den bewussten Einsatz von Sprache Macht erzeugt werden kann. Bereits zu Beginn des Stückes wird an exponierter Stelle ein Zusammenhang zwischen der Macht der Rede und einem Bewusstsein von Schuld hergestellt wird. Tatsächlich basiert nämlich die Verhaftung K.s auf keiner schriftlichen Anzeige, sondern auf einer mündlichen Aussage, vielleicht auch auf einem Gerücht, dass jemand nebenbei oder absichtlich erwähnt hat. Somit wird die Verhaftung als Sprachakt vollzogen und führt nicht dazu, dass K. in ein Gefängnis eingeliefert wird; er bleibt auf freiem Fuß.

© Springer Fachmedien Wiesbaden GmbH 2018 15
L. Hinkelmann und R. Hinkelmann, *Macht und Ohnmacht,* essentials,
DOI 10.1007/978-3-658-18820-7_5

Die Rede durchdringt den Roman auch in anderen Bereichen. Immer wieder sind es Gespräche, durch die K. Neues erfährt, was ihn, abhängig vom Inhalt, Hoffnung schöpfen oder verzweifeln lässt. Die Macht der Sprache ist so groß, dass sie auch die Persönlichkeit K.'s zugrunde richtet: Josef K. ist kurz vor seiner Hinrichtung durch den kontinuierlichen Einfluss subtiler Sprachgewalt zu etwas „Leblosem" (Kafka 2000, S. 250) geworden.

Darüber hinaus gelingt es Kafka, durch die dargelegten Machtstrukturen das Klima der Angst in seinem Roman so zu verstärken, „dass auch der Leser, zwischen realer Bedrohung und Paranoia nicht mehr unterscheiden kann" (Hage 2014, S. 123). Kafka präsentiert die Handlanger des Gerichts zum einem als K. physisch überlegen. Dies illustriert nicht nur der muskulöse Auftritt des Prüglers, sondern auch der Umstand, dass die Wächter stets zu zweit erscheinen, um die Überlegenheit des Gerichts zu demonstrieren. Des Weiteren verwendet das Gerichtssystem psychischen Druck, um K. zu unterwerfen. Exemplarisch dafür steht das ignorante Verhalten der Wächter in der Verhaftungsszene, aufgrund dessen K. in seine Verhaftung schließlich einwilligt.

Sozialer Druck spielt in der Herrschaftsstrategie des Gerichts eine wichtige Rolle. Bei K. wird etwa Schamgefühl dadurch ausgelöst, dass die Verhaftung durch ein Fenster von seinen Nachbarn und Arbeitskollegen beobachtet werden kann. Auch die Auswahl der Lokalität für den Prügelakt übt Druck auf K. aus, da er Angst hat, von seinen Arbeitskollegen dort gesehen und mit den Prüglerereignissen in Verbindung gebracht zu werden.

Vor allem aber ist das Gericht allgegenwärtig und taucht mit seinen Repräsentanten oft überfallartig in K.s Leben auf, um ihn in einen Zustand der Unterwerfung und Scham zu versetzen. So drängen sich die Wächter in der Prüglerszene in sein Berufsleben, in der Verhaftungsszene bewusst in sein Privatleben. Dies führt bei K. zu einem markanten Verlust von Privatsphäre. Der Prozess breitet sich im Verlauf des Romans auf alle Ebenen von K. aus. Kafka inszeniert Macht durch ein hohes Maß an Komplexität und durch die völlige Undurchschaubarkeit. Dies macht es K. unmöglich, seine Unschuld zu beweisen und zu den höchsten Machtinstanzen durchzudringen. Auch dies erzeugt für ihn Ohnmacht.

Kafka stellt die Handlanger des Gerichts so dar, dass sie sich nur selten menschlich gebärden und häufig wie ferngesteuerte Instrumente der Macht wirken, die sklavisch Befehle ihrer Vorgesetzten ausführen. K. kann sie nicht umzustimmen oder beeinflussen.

Das schleichende Gefühl der Ohnmacht, das sich im Verlauf des Romans immer mehr steigert und den Rezipienten durch den personalen Erzählstil in den Bann zieht, ermöglicht dem Leser eine Identifikation mit dem Protagonisten. Da der Erzähler dem Leser nicht mehr Informationen preisgibt als auch K. hat, kann der Leser K.s Ohnmacht und hilflose Opferposition unmittelbar nachvollziehen.

# Das Erleben und die Definition von Schameffekten 6

Josef K. erlebt in zahlreichen Szenen des Romans Schamaffekte, wie zum Beispiel durch das Eindringen in seine Lebens- und Arbeitswelt. So verletzt das Gerichtssystem in der Verhaftungsszene die Grenzen seines Privatlebens, in der Prüglerszene drängt es sich in seinen beruflichen Kontext. Menschen erleben Schamaffekte in Situationen, in denen die Wahrnehmung von Gefühlen von besonderer Relevanz ist. „Scham tritt häufig im Kontext emotionaler Beziehungen auf: […] soziale Situationen, die Scham auslösen, sind diejenigen, in denen das Individuum empfänglich ist für Emotionen, Meinungen und Handlungen anderer" (Izard 1981, S. 451). Der Mensch erlebt das Gefühl von Scham als eine nur schwer annehmbare Empfindung, die aus dem Unbewussten in das Bewusstsein tritt. Demzufolge sind Affekte der Scham in vielen Fällen nur in Form ihrer Abwehrmechanismen wahrzunehmen. „Das Ziel der Scham ist das Verschwinden. Dies kann am einfachsten durch das Verstecken geschehen, am radikalsten durch die Auflösung (Suizid), […] am häufigsten durch das Vergessen von Teilen unseres Lebens und unseres Selbst und als differenzierteste Form durch den Wandel unseres Charakters" (Wurmser 1998, S. 147).

Der Betroffene entzieht sich also im Schamerleben nicht nur dem Zugang zu seiner Umwelt, sondern auch dem Kontakt zu sich selbst.

Als Schamaffekte werden starke Emotionen und somit der Ausdruck intensiver psychischer Anspannung bezeichnet. Der Terminus „Affekt" ist verwandt mit dem lateinischen Verb *afficere*, welches übersetzt werden kann mit „antun", „in einen Zustand versetzen" (Krause et al. 1992, S. 238–253). Der Begriff Scham stammt etymologisch aus dem Mittelhochdeutschen und ist zurückzuführen auf die Worte *schame, scheme, schäme*, welche Schamgefühl, Schande, Züchtigkeit und Keuschheit bedeuten (Lexer 1992, S. 179 ff.).

© Springer Fachmedien Wiesbaden GmbH 2018       17
L. Hinkelmann und R. Hinkelmann, *Macht und Ohnmacht,* essentials,
DOI 10.1007/978-3-658-18820-7_6

Die mit der Scham verbundenen Affekte sind wahrnehmbar durch somatische Marker wie Herzrasen, Erröten oder Zittern bzw. Feuchtwerden der Hände (Dornes 2000, S. 7). Das Erröten entsteht „aus […] Aktivitäten des vegetativen Nervensystems" (Izard 1981, S. 433).

Die Affektforschung definiert sieben Primäraffekte. Zu diesen zählen Freude, Traurigkeit, Interesse und Neugier, Furcht, Überraschung und Ärger (Izard 1981, S. 433). „Scham ist Folge einer Grenzverletzung. Sie entsteht, wenn eine andere Person in unsere Intimsphäre eindringen kann" (Chu 2002, S. 122). Hilgers (1997, S. 14) erläutert, dass „Scham entsteht, wenn es zu einer Spannung zwischen Ich und Ich-Ideal kommt". Äußerlich wird sie beispielsweise erkennbar durch Veränderungen der Mimik, Gestik und Körpersprache, innerlich werden Schamgefühle durch intrapsychische Prozesse begleitet, die darauf abzielen, das Schamerleben ungeschehen zu machen. Eine typische Eigenschaft der Scham ist das Verhüllen des Schamerlebens. In der Bibel findet sich in der sogenannten Paradiesgeschichte die Beschreibung der Scham in der Szene, in der Adam und Eva nach dem sogenannten Sündenfall ihre körperliche Scham wahrnahmen und sich folglich mit Blättern verhüllten. Eine weitere Eigenschaft der Scham ist das Senken des Blickes, das mit dem Wunsch des Betroffenen einhergeht, nicht gesehen werden zu wollen. Zudem verändert der Mensch seine Körperhaltung. Häufig lässt der Betroffene die Schulter hängen, um sich klein zu machen oder neigt sich, um möglichst wenig körperliche Angriffsfläche zu bieten.

Das Gefühl der Scham verfolgt verschiedene Ziele. „Schamhaftigkeit soll unser Intimstes, Privatestes davor behüten, entblößt in die Öffentlichkeit gezerrt zu werden, es soll uns vor einer Beschädigung unserer Integrität bewahren" (Auchter 1998, S. 144). Darüber hinaus kann Scham betrachtet werden als eine Hilfe zur Steuerung von Nähe und Distanz in Interaktionen. Des Weiteren fördert das Schamempfinden die Entwicklung und Stärkung des Selbst. Wenn das Individuum Risiken wahrnimmt, die eine Auslösung des Schamgefühls hervorrufen können, setzt es sich mit seinem Selbstkonzept auseinander. Folglich kann Scham auch als Förderung zur Selbstreflexion betrachtet werden und das Maß an Selbstreflexion und -steuerung erhöhen, indem es die Auseinandersetzung zwischen dem Selbstkonzept und dem tatsächlichen Ich-Zustand fördert.

# Strategien zur Bewältigung von Ohnmacht und Scham 7

Im Folgenden werden Bewältigungsstrategien dargelegt, die zu Bearbeitung von Ohnmachtsgefühlen, Scham und Erniedrigung entwickelt werden können, um Betroffene zu stabilisieren und ihnen eine praxisrelevante Anleitung zur Ressourcenaktivierung und Stärkung ihrer Resilienz und Krisenkompetenz zur Verfügung zu stellen.

## 7.1 Die Inkongruenzbearbeitung

Es lässt sich konstatieren, dass die Bewusstseinsbildung über die eigenen Schamgefühle wesentlich dazu beitragen kann, die Selbstwahrnehmung über die erlebten Grenzen der Intimität bzw. über Grenzüberschreitungen zu schärfen und folglich eigene Inkongruenzen wahrzunehmen. Zur Reduktion der Inkongruenz (IK) bietet sich im Coaching das Differenzielle Inkongruenz-Modell (DIM) an. Im Zentrum des Modells stehen die Diagnose und Analyse der IK, die Speierer (2013, S. 81 ff.) auf drei unterschiedlichen Ebenen differenziert: auf der Ebene der Person, der Rolle und des Systems. Im Coaching bietet das DIM Möglichkeiten „zur Diagnose persönlicher Hemmungen bei der Entfaltung vorhandener Potentiale und Ressourcen" (Hosak 2006, S. 126 ff.). So kann der Coach diagnostizieren, in welchen Interaktionsfeldern beim Beratenen eine IK entsteht. In diesem Zusammenhang analysiert der Coach die Ebenen der Inkongruenz des Klienten, reflektiert diese mit ihm und analysiert dessen Selbstkonzept, Bewältigungsstrategien und Ressourcen. In diesem Kontext sei erwähnt, dass das DIM eine empirisch belegte Intervention darstellt, denn die Inkongruenzanalyse inklusive ihrer Erscheinungsformen, Risiken, Quellen und Entstehung wurde in der Studie „Wirksamkeit der Gesprächspsychotherapie in der stationären Alkoholentwöhnungsbehandlung" empirisch erforscht und belegt (Rapp 2008).

© Springer Fachmedien Wiesbaden GmbH 2018    19
L. Hinkelmann und R. Hinkelmann, *Macht und Ohnmacht,* essentials,
DOI 10.1007/978-3-658-18820-7_7

Das Modell wurde aus der klientenzentrierten Gesprächspsychotherapie entlehnt und weiterentwickelt. Als Diagnoseverfahren und Beratungsintervention hat es sich im auch Coaching bewährt. Der dem DIM zugrunde liegende salutogenetische Ansatz orientiert sich an den vorhandenen Bewältigungsstrategien des Klienten und seinem wahrnehmbaren Potenzial. Folglich initiiert der Coach beim Klienten eine Bewusstseinsbildung über seine vorhandenen Stärken und generiert Erkenntnisse über seine Inkongruenz. Durch einen bewusstseinsbildenden Dialog leitet der Berater den Klienten zu Veränderungen auf der Ebene der Person und der Rolle an. Das Ziel der IK-Bearbeitung besteht darin, mit dem Klienten eine Erhöhung der Kongruenz oder je nach Situation eine Inkongruenztoleranz zu entwickeln. Im Rahmen der Inkongruenzbearbeitung spielt das Empfinden der eigenen Scham eine wesentliche Rolle. Durch die Bewusstseinsbildung über das erlebte Schamgefühl wird das Individuum für seine Bedürfnisse und Grenzen sensibilisiert. Scham trägt dazu bei, diese Grenzen sorgsam zu beachten und einzuhalten. Das Fehlen eines Schambewusstseins kann hingegen zu einem „kritikresistenten Größenselbst" (Hilgers 1997, S. 16) führen. Um die innere Kongruenz sicherzustellen, entstehen beim Menschen Abwehrmechanismen gegen das Schamerleben. „Affekte [...] und die damit verbundenen psychischen Konflikte werden aus dem Bewusstsein ausgeschlossen, es wird deren Wiederkehr ins Bewusstsein verhindert. Abwehrmechanismen stehen im Dienste der Erhaltung des Ich und seiner Funktionen und sind sowohl als normale Schutzfunktionen [...] im Sinne einer symbolischen Befriedigung oder Reparation zu sehen" (Frank-Rieser 2000, S. 5). Um also eine innere Destabilisierung beim Auftreten von Schameffekten und Ohnmachtsgefühlen zu vermeiden, setzt das Individuum Abwehrmechanismen wie z. B. Formen der Rationalisierung oder Verdrängung ein. Somit sollte der wachstumsfördernde und vertrauensbildende Arbeitskontext im Coaching sicherstellen, dass eine Arbeitsatmosphäre herrscht, in der Scham wahrgenommen und bearbeitet werden kann und nicht als Affekt abgewehrt werden muss.

## 7.2  Die Emotionsregulation

Um eine souveräne Emotionsregulation im lebens- und arbeitsweltlichen Anforderungskontext sicher zu stellen, benötigt der Mensch die Fähigkeit zur antizipierenden Wahrnehmung von Situationen, die starke Stimmungen hervorrufen können; des Weiteren muss das Individuum über intrapsychische, aktionale und expressive Strategien der Emotionsregulation verfügen. Allerdings ist die Zuordnung nicht immer eindeutig, weil Bewältigungs- bzw. Copingstrategien mehrere Anteile der oben genannten Kategorien umfassen können (Laux und Weber 1990, S. 590 ff.). Zu den intrapsychischen Strategien gehören nach Laux und Weber die positive Deutung und Betrachtung der Situation als Chance und Herausforderung, ebenso wie die positive Situationseinschätzung anhand des Vergleichs der relevanten Situation mit früheren Situationen. Hier kann sich der Mensch in seiner Selbstreflexion die Frage stellen: „Wie empfinde ich die Situation im Vergleich zum letzten Mal?". Eine weitere Bewältigungsstrategie besteht darin, die eigene Situation mit der anderer Personen zu vergleichen. In diesem Reflexionskontext kann der Betroffene sich zur Erhöhung seiner Selbstwahrnehmung mit folgender Frage auseinandersetzen: „Wie geht es mir im Vergleich zu anderen?". Auch Humor, Glaube und positive Selbstinstruktionen werden als effektive Strategien zur Emotionsregulation bezeichnet (Lazarus et al. 1980; zitiert nach Maurer 2006, S. 152).

Als aktionale Strategien der Emotionsregulation erwähnen Lazarus und Lazarus (1994) die Planung und Durchführung problemlösungsorientierter Strategien. Zudem gilt das Ermitteln von sozialer Unterstützung (Carver et al. 1989, S. 267 ff.) als Strategie der aktiven Emotionsregulation.

Als weitere Form der Emotionsregulation seien expressive Bewältigungsstrategien erwähnt. Hiermit sind Ausdrucksformen gemeint, mit denen der Mensch seine Gefühle verbalisiert. In diesem Kontext ist jedoch zu beachten, dass expressive Emotionsregulationsstrategien achtsam und reflektiert gewählt werden, sodass sie nicht durch bloßes Ausdrücken von Emotionen die Beziehungen mit den Interaktionspartnern belasten. Als hilfreiche Interventionen zum Aufbau von Emotionsregulationsstrategien im Coaching- und Beratungskontext gelten das einfühlende Verstehen durch VEE (Tausch und Tausch 1990) und wertschätzendes Zuhören und Spiegeln ebenso wie der aus der Gestalttherapie stammende imaginative Rollentausch (Schreyögg 2005). Beim Rollentausch stärkt der Mensch seine Fähigkeit, Perspektivwechsel einzunehmen, und erhöht seine Empathie und das Verständnis für den Interaktionspartner. Als weitere Strategie der Emotionsregulation gilt die Intervention des Reframing (Watzlawick et al. 2001), das den Klienten dazu anleitet, problematische und herausfordernde Situationen umzudeuten und positiv zu bewerten und folglich seine Emotion entsprechend zu regulieren und zu steuern (Maurer 2006, S. 151 ff.).

> **Der Berater bzw. Coach kann dem Klienten die folgenden Fragen zur Reflexion anbieten:**
>
> - Welche Situationen empfinden Sie als besonders herausfordernd?
> - Welche Situationen destabilisieren Ihre emotionale Selbststeuerung?
> - Wie genau entstehen diese Situationen?
> - Was sind Auslöser, die Sie unter Stress setzen?
> - Welche somatischen Marker sind Ihnen bekannt und können als Frühwarnsystem wahrgenommen werden, um Ihre Reaktionen zu steuern?

Alternativ zum Beratungskontext kann der Klient diese Fragen auch in Selbstreflexion beantworten. Ziel der Auseinandersetzung mit diesen Fragen ist die Erhöhung der Selbstwahrnehmung und der Kompetenzerwerb des Selbstcoachings, die eine Person wie Kafka sie in Josef K. beschreibt in seiner starken Belastungssituation emotional stabilisieren, seine Selbststeuerung stärken und sein Emotionsmanagement entscheidend verbessern können.

## 7.3    Konzepte von Resilienz und Persistenz

Um in Situationen psychischer Belastung und Ohnmachtserlebnissen eine erfolgreiche Krisenkompetenz zu ermöglichen, benötigt der Mensch Bewältigungsstrategien zur Steigerung der Resilienz und Persistenz. Der Terminus Resilienz stammt aus der Physik und benennt den Zustand eines Materials, das sich biegen, aber nicht brechen lässt. In Bezug auf das menschliche Verhalten wird Resilienz als die Fähigkeit definiert, schwierige und risikoreiche Situationen, wie zum Beispiel Ohnmachtserleben, aufgrund vorhandener Krisenkompetenz erfolgreich bewältigen zu können (Fröhlich-Gildhoff und Rönnau-Böse 2011, S. 10).

Nach Wustmann (2004, S. 18) ist Resilienz „die psychische Widerstandsfähigkeit gegenüber biologischen, psychologischen und psychosozialen Entwicklungsrisiken". Gemäß Rampe (2005) sind resiliente Menschen in der Lage, starke Diskrepanzen zwischen Ist- und Sollzustand als zeitlich begrenzt und bewältigbar einzuordnen. Resiliente Menschen sind in der Lage, internal zu attribuieren, d. h., sie erkennen ihren Anteil an der Situation und übernehmen dementsprechend Eigenverantwortung, zugleich bewerten sie die Problemsituation als Herausforderung und Wachstumschance.

Die Forschung auf dem Gebiet der Resilienz entwickelte sich aus der Entwicklungspsychologie und -pathologie und konzentrierte sich in den 70er Jahren auf die Untersuchung von Risikoeinflüssen bei der Entwicklung von Kindern, die trotz schwieriger Lebensbedingungen ein für sie funktionierendes Umfeld aufbauen konnten. Zu den Studien zählten unter anderem die Kauai-Längsschnittstudie von Werner und Smith (2001) und die Isle-of-Wight-Studie von Rutter (1990). Nachdem sich die Resilienzforschung Ende 1970 in Großbritannien und Nordamerika etablierte, wurde zu diesem Thema Ende der 80er Jahre zunehmend auch in Deutschland geforscht. In der Mannheimer Risikokinder-Studie von Laucht, Esser, Schmidt, Ihle, Stöhr und Weindrich (1996) bzw. Laucht, Esser und Schmidt (2000) konnte an einer Versuchsgruppe von 362 Kindern nachgewiesen werden, dass Kinder, die in früher Kindheit Belastungen für ihre Entwicklung erleiden mussten, bis zu dreimal häufiger Entwicklungsbeeinträchtigungen aufwiesen als unbelastete Kinder. Seit Beginn der 90er Jahre werden zunehmend auch Erwachsene im Rahmen der Resilienzforschung berücksichtigt (Bengel und Lyssenko 2012).

Die aktuelle Resilienzforschung, die auf zahlreichen empirischen Studien zur Untersuchung von Risikoeinflüssen auf die Entwicklung von Menschen basiert (Laucht et al. 1996, 2000; Werner und Smith 2001; Rutter 1990; Bengel und Lyssenko 2012), und die im Rahmen dieser Forschung entwickelten Modelle zielen darauf ab, Anhaltspunkte für Präventions-, Interventions- sowie Kooperationsansätze zu entwickeln. In den Resilienzmodellen werden Resilienz stärkende Faktoren wie soziale Unterstützung, Optimismus, Selbstwirksamkeit und Coping als bedeutsame Aspekte erwähnt. Coping wird dabei definiert als ein Verhalten, das darauf abzielt, mit internen und externen Faktoren lösungsorientiert umgehen zu können.

In diesem Kontext ist die Persistenz als eine weitere wichtige Komponente für eine konstruktive Haltung gegenüber Situationen temporär wahrgenommener Inkompetenz zu erwähnen. Persistenz definiert sich als Ausdauer und Durchhaltevermögen. In der Motivationspsychologie wird damit das konsequente Fortsetzen des Zielstrebens bezeichnet. Basis für Resistenz und Persistenz ist die Entwicklung eines realistischen Lösungsszenarios, das schrittweise umgesetzt wird.

Zur Stärkung der Resistenz und Persistenz sollte der von psychischen Druck und Ohnmachtsgefühlen betroffene Mensch durch Reflexion ermitteln, welche Emotionen für ihn wahrnehmbar sind, welche Lösungsansätze sich zur Bearbeitung der Belastungssituation entwickeln lassen, welche Hindernisse bei der Bewältigung dieser belastenden Situation auftreten können und welche Maßnahmen zum Coping und zur Überwindung der Ohnmachtsgefühle adäquat erscheinen. Copingstrategien dienen als Quellen, „[…] die die aktive Adaptation des Organismus an seine Umgebung erleichtern können. Die individuelle Geschichte einer Person ist hierbei wichtig, weil sich nur in Kenntnis aller Lebensaspekte einer Person Bewältigungsstrategien auffinden und fördern lassen" (Bengel et al. 2009, S. 27). Bei der Realisierung der Maßnahmen ist die intensive Unterstützung des Menschen, der sich in einer Belastungssituation befindet, durch einen wohlmeinenden Coach oder Begleiter erforderlich.

## 7.4   Die Theorie der Persönlichkeits-System-Interaktionen (PSI)

Im Kontext professioneller Emotionsregulation in Zuständen von Unterdrückung und Ohnmacht sei auch die Theorie der Persönlichkeits-System-Interaktionen (PSI-Theorie) von Kuhl, Kazén und Koole (2006, S. 408 ff.), erwähnt. Die Theorie umfasst die PSI-Kompetenzanalyse, ein Diagnoseinstrumentarium, sowie eine Sammlung verschiedener Tests, die bedarfsgerecht einzeln oder in Kombination eingesetzt werden können, um das menschliche Verhalten in komplexen und belastenden Situationen zu analysieren (Kuhl et al. 2006). Teile der PSI-Theorie wurden bereits in Studien von Kuhl (1994, 1999) und Oettingen (1997) empirisch überprüft und gelten daher als wissenschaftlich abgesicherte Interventionen der Emotionsregulation. Zudem umfasst die Theorie zentrale Annahmen und Thesen verschiedener Persönlichkeitstheorien und integriert relevante Ergebnisse aus der Hirnforschung.

Das Besondere der PSI-Theorie besteht darin, dass sie andere und vor allem weiterführende Erklärungen für das Verhalten des Menschen bietet als die bisherigen Modelle der Psychologie, Sozialpsychologie und Organisationstheorie. Gemäß Kuhl, Kazén und Koole (2006) wird die Persönlichkeit des Menschen von vier interagierenden, die Persönlichkeit strukturierenden Funktionssystemen und deren Wechselspiel gesteuert. Diese vier Ebenen lauten: die **Ratgeberfunktion bzw. das Extensionsgedächtnis (EG), die Planungsfunktion** auch **Intentionsgedächtnis (IG)** genannt, die **Ausführungsfunktion**, die sogenannte **Intuitive Verhaltenssteuerung (IVS)** und die **Prüffunktion,** welche auch als **Objekterkennungssystem (OVS)** bezeichnet wird. Die Interaktionen zwischen den oben genannten Systemen prägen die Verhaltensweisen des Menschen und werden mithilfe emotionaler Impulse reguliert. Dabei werden sowohl das Innere des Menschen – die personale Ebene – als auch die Interaktionen mit der Umwelt – System-Ebene und das Zusammenspiel der beiden Ebenen – Interaktions-Ebene – in Betracht gezogen. Besonders berücksichtigt werden der Umgang mit Gefühlen, das sogenannte Emotionsmanagement, und die Steuerung des Handelns, damit ist die Selbststeuerung in sozialen Kontexten gemeint.

Die in Abb. 7.1 (Hinkelmann in Anlehnung an Martens und Kuhl 2004) dargelegten Makrosysteme differieren durch ihr Ausmaß an Komplexität und die Intensität des jeweiligen Bewusstseinsstatus: das **Objekterkennungssystem (OES)** und das Ausführungssystem, die sogenannte **Intuitive Verhaltenssteuerung (IVS)** sind weniger komplex und dem Menschen weitgehend unbewusst; im Gegensatz dazu zeichnen sich das **Intentionsgedächtnis (IG)** und das **Extensionsgedächtnis (EG)** durch eine sehr hohe Komplexität aus und sind dem Menschen, zumindest teilweise, bewusst. Diese vier beschriebenen Systeme und ihre den jeweiligen Situationen angepasste Balance bilden die wesentliche Grundlage für das Erreichen und die Umsetzung persönlicher Zielsetzungen des Menschen. Martens und Kuhl (2004, S. 67) erläutern dies wie folgt: „Ob die Person als Ganzes die für sie und ihre Umgebung richtigen Ziele bildet und diese dann auch erfolgreich umsetzt, hängt von der Optimierung des Zusammenspiels zwischen den vier Systemen ab. Das ist die Grundlage der PSI-Theorie."

Im Folgenden werden die vier verschiedenen Systeme genauer erläutert. Nach Martens und Kuhl (2004) bildet die **Intuitive Verhaltenssteuerung (IVS)** – die

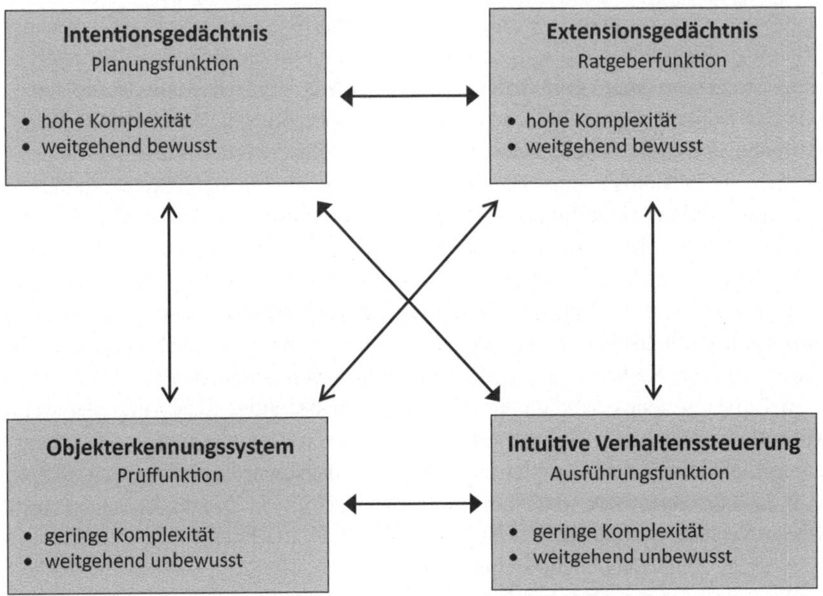


**Abb. 7.1** Die Balance der vier Makrosysteme. (Quelle: eigene Darstellung in Anlehnung an Martens und Kuhl 2004)

Ausführungsfunktion – die Grundlage, um Handlungsenergie zu Verfügung zu stellen. Dieses System umfasst leichte, in sich selbst belohnende Handlungen sowie Automatismen und Routinen. Um die **Intuitive Verhaltenssteuerung** zu aktivieren, muss der Mensch Handlungen ausführen, die eine positive Stimmung auslösen, damit Motivation und Handlungsenergie auch bei langfristigen oder schwer zu erreichenden Zielen ermöglicht werden. Zur Aktivierung benötigt der Mensch Selbstmotivierungskompetenz. Wenn die **Intuitive Verhaltenssteuerung** aktiviert ist, erlebt der Mensch folglich eine positive Stimmung und Energie.

Wenn das Individuum sich jedoch langfristig nur auf dieses System fokussiert, entstehen Risiken: So neigt der Mensch dann tendenziell dazu, schwierige Aufgaben zu vermeiden, Risiken und Fehlverhalten nicht rechtzeitig wahrzunehmen und langfristig folgenschwere und negative Konsequenzen zu übersehen. Eine weitere Gefahr einer einseitigen Aktivierung dieses Systems lässt sich in einer zu schwachen Handlungshemmung bzw. Impulskontrolle erkennen. Wenn sich der Mensch zum Beispiel in einer Risikosituation befindet, ist das reine Beschränken auf die **Intuitive Verhaltenssteuerung** mit einer Steigerung von risikoaffinem Verhalten verbunden. Auch würde in diesem Kontext die Umsetzung schwieriger Aufgaben nicht gelingen, weil die Handlungsenergie zu gering ist.

Die sogenannte Planungsfunktion, auch **Intentionsgedächtnis (IG)** genannt, erlaubt es, anspruchsvolle Aufgaben zu planen und im Gedächtnis zu behalten bis diese umgesetzt sind. Zum **Intentionsgedächtnis** gehören somit Kompetenzen wie das Denken, das analytische Planen und Problemlösen. Wenn eine komplexe Aufgabe bewältigt werden oder ein Problem gelöst werden muss, ist es erforderlich, beim Denken eine Handlungshemmung aufzubauen, Spontanitäten im Handlungsduktus zu verhindern sowie eine Reflexionsphase der Handlung voranzustellen. Diese Hemmung muss der Mensch ertragen, um die langfristige Belohnung beim Erreichen des Ziels sicher zu stellen. Zusammenfassend lässt sich konstatieren, dass die Kooperation der **Intuitiven Verhaltenssteuerung** und dem **Intentionsgedächtnis** eine wesentliche Basis für eine erfolgreiche Handlungsregulation bildet. So benötigt der Mensch bei in sich belohnenden Handlungen wie zum Beispiel Genusshandlungen oder leicht zu bewältigenden Aufgaben wenig **Intentionsgedächtnis.** Bei schwer zu erreichbaren Zielen, kann die Handlungsenergie abnehmen und der Mensch benötigt Selbststeuerungskompetenz in Form von Selbstmanagement und Selbstmotivation, damit er Zugang zu seiner **Intuitiven Verhaltenssteuerung** erlangt und damit Kraft, Energie die Ausdauer für schwierige Zielerreichungen sicherstellt.

Das sogenannte **Objekterkennungssystem (OES)** gilt nach Martens und Kuhl (2004) als eine Prüf- und Steuerungsfunktion des negativen Affektes, die relevant ist, um Inkongruenzen wahrzunehmen. Dieses System ist von besonderer

Relevanz in bedrohlichen Situationen, weil das Individuum dann sensibilisiert ist, alle entscheidungsrelevanten Details genau wahrzunehmen und zu berücksichtigen. Mithilfe dieses Systems kann der Mensch dann sorgfältig durchdachte Entscheidungen treffen. In diesem Zustand empfindet der Mensch möglicherweise Angst oder Sorge, jedoch sind diese Emotionen unvermeidbar, um Spontanität und Impulsivität zu vermeiden. Daher ist das **Objekterkennungssystem** in herausfordernden Situationen wie zum Beispiel bei dem Erleben von Ohnmachtsgefühlen von besonderer Relevanz, weil es den Menschen aktiviert und befähigt, in diesen Situationen von Unterlegenheit abzuwägen zwischen dem, was das Individuum zulassen will und welche Grenzen es zum Selbstschutz setzen muss. Daher bietet das **Objekterkennungssystem** dem Menschen eine Prüffunktion, mit der er potenzielle Verhaltensfehler erkennen und folglich vermeiden kann.

Ist dieses **Objekterkennungssystem** hingegen ständig – also auch in Situationen der Entspannung – aktiviert, so löst es Hemmnisse beim Individuum aus, indem es dazu führt, dass der Mensch das Positive gar nicht erkennen kann, da seine Wahrnehmung nur auf das möglicherweise negativ Erscheinende beschränkt ist.

Das **Extensionsgedächtnis (EG)** – die Ratgeberfunktion – inkludiert die gesamten Erfahrungen sowie sämtliche biografisch relevanten Erlebnisse, Werte, Bedürfnisse und Motive des Menschen auf bewusster und unbewusster Ebene, um diese als Gesamtheit zu einem realistischen Selbstbild zu vereinen. Wenn das **Extensionsgedächtnis** einen ausgeglichenen Zustand darstellt, werden negative Aspekte reduziert und eine Gelassenheit sichergestellt. Somit nimmt das Extensionsgedächtnis eine wichtige Rolle im Emotionsmanagement des Menschen ein, welches insbesondere in Situationen von Ohnmacht, Willkür oder Machtausübung in lebens- und arbeitsweltlichen Anforderungskontexten professionell gestaltet sein muss. Weil das **Extensionsgedächtnis** zahlreiche persönliche Erlebnisse und Erfahrungen miteinander verbindet, kann es die Bedürfnislage eines Menschen in einer spezifischen Lebenssituation sehr gut darstellen. Daher ermöglicht das Extensionsgedächtnis eine Kongruenzschaffung im Selbstkonzept des Menschen und gewährleistet ein situationsgerechtes Verhalten in schwierigen und herausfordernden Situationen, in denen potenzielle oder langfristige negative Konsequenzen abgewogen werden können. Das Selbst ist in Situationen von Ohnmacht oder Bedrohung schwieriger zugängig. Daher benötigt der Mensch Selbstmanagementkompetenzen, um diese wichtige Quelle der Selbststeuerung nutzbar zu machen. Das **Extensionsgedächtnis** benötigt zur gleichzeitigen Bearbeitung vielfältiger Informationen eine Verlangsamung der Prozesse. Hiermit ist die Fähigkeit des Menschen zur Achtsamkeit gemeint. Die Fähigkeiten der Achtsamkeit und Selbstreflexion werden durch Coaching oder Beratung erarbeitet und gestärkt.

Die Kooperation zwischen dem **Extensionsgedächtnis,** auch Selbst genannt, und dem **Objekterkennungssystem** ist von hoher Relevanz, um komplexe Entscheidungsprozesse erfolgreich zu gestalten und aus konkreten Erfahrungen, Erkenntnisprozesse abzuleiten. Aufgrund der komplexen Dynamik der oben beschriebenen Systembestandteile kann das Individuum bei Zielerreichungsprozessen in Stagnation geraten. Um dies zu verhindern, benötigt der Mensch ein professionelles Selbstmanagement, bestehend aus Selbststeuerungskompetenzen wie Selbstwahrnehmung, Selbstreflexion und Selbstmotivation. Dabei beinhaltet die Selbstwahrnehmung die Fähigkeit, Achtsamkeit für sich selbst in Belastungssituationen herzustellen und die Themen, die dem Menschen selbst wichtig sind, von denen zu unterscheiden, die sich andere Personen wünschen bzw. von dem Menschen erwarten. Folglich bildet die Selbstwahrnehmung die tragende Säule der Selbststeuerung.

Die Balance der vier Systeme – des **Intuitiven Verhaltenssystems (IVS),** des **Intentionsgedächtnisses (IG),** des **Objekterkennungssystems (OES)** und des **Extensionsgedächtnisses (EG)** – führt zu einem Kongruenzerleben der Person: Ihre Bedürfnisse sind befriedigt, sie erlebt Aufgaben, die sie erfüllen kann und empfindet dabei eine innere Balance. Die vier Ebenen mit den oben beschriebenen Funktionen bilden zum einen die Voraussetzung für eine erfolgreiche Persönlichkeits- und Weiterentwicklung. Zum anderen stellt die Ausgewogenheit der verschiedenen Systemkomponenten eine Basis her für die Bewältigung herausfordernder Situationen in der Arbeits- und Lebenswelt, welche Josef K. in Kafkas „Der Prozess" erleben musste. Diese Belastungssituationen können sich in zahlreichen Ausprägungen äußern – zum Beispiel durch Stress, Überforderung, Machtausübung und Ohnmachtserleben, zu hohen Leistungsdruck, belastendes Arbeitsvolumen sowie Grenzüberschreitungen und -verletzungen. Gerät in solchen Situationen die Balance aus dem Gleichgewicht, muss eine Modifikation im Zusammenspiel der Systemebenen stattfinden. Diese Modifikation wird in der PSI-Theorie als Modulation bezeichnet.

Für den Coaching- und Beratungskontext stellt die PSI-Theorie ein Diagnose- und Interventionsverfahren zur Verfügung. Die sogenannte PSI-Diagnostik arbeitet funktionsanalytisch und bietet die Möglichkeit, Mechanismen zu beschreiben, nach denen eine Person ihre Handlungen ausrichtet, die sich aber bisweilen ihrer direkten Beobachtung entziehen, weil sie, wie zuvor erläutert, unbewusst ablaufen.

## 7.5 Die Ressourcenaktivierung als Methode zur Stärkung der Krisenkompetenz

Der Ressourceneinschätzung und -aktivierung wird im Kontext der Konfrontation mit Unterdrückung und Ohnmachtserleben große Bedeutung beigemessen. Ressourcen tragen dazu bei, Kompetenzen und Selbstgestaltungspotenziale freizusetzen (Lorenz 2005, S. 216). Petzold (2007, S. 310) definiert Ressourcen folgendermaßen: „[Ressourcen sind] […] alle Vorgänge, die mit der Bestandsaufnahme, Beschaffung, kognitiven und emotionalen Bewertung, das heißt Kompetenz bzw. Selbstwirksamkeitserwartung, Auswahl, Mobilisierung […] und der optimalen strategischen, das heißt Kontext- und zielangemessenen Nutzung von Kräften als fortlaufendem Prozess (Akting) in einem System zu tun haben."

In einer Studie von Behrendt (2006) zu den Erfolgsfaktoren im Coaching wurde statistisch nachgewiesen, dass die Ressourcenaktivierung in einem Coachingprozess mit dem Beratungserfolg signifikant korreliert. Dabei betont Behrendt, dass im Verhalten eines Krisenberaters oder Coaches ein ressourcenaktivierendes Verhalten hohe Fortschritte bei der Zielerreichung eines Menschen gewährleisten kann. Auch nach Grawe (1998) stellt sich die Aktivierung funktionaler Muster als die einfachste und wirksamste Option für Menschen dar, Ohnmachtsgefühle, Unterdrückung, Scham oder andere psychische Belastungssituationen zu bewältigen und ihre Ziele zu erreichen. Die positive Wirkung der Ressourcenaktivierung ist auch auf Menschen übertragbar, die wie K. in Kafkas Roman „Der Prozess" unter hoher psychischer Belastung stehen und die Auswirkungen starker Machtausübung erfahren. Die Stärkung der Ressourcen und die Bewusstseinsbildung in einem Beratungsprozess sind insbesondere dann relevant, wenn ein Individuum wie Josef K. die ihm zur Verfügung stehenden Ressourcen nicht wahrnimmt oder nur sehr mühevoll erschließen kann. In diesem Fall neigt das Individuum dazu, sich nur schwach oder sporadisch zur Wehr zu setzen und Widerstand zu leisten, was tendenziell dazu führt, die Unterdrückung kritiklos anzunehmen. Daher bildet die bewusste Wahrnehmung der eigenen internen und externen Ressourcen eine bedeutsame Basis zur Stärkung der Krisenkompetenz.

Zu den internen Ressourcen zählen alle Fähigkeiten wie Intelligenz, Wissen, Problemlösefähigkeit und Selbstvertrauen, über die ein Mensch verfügt, um Probleme zu bewältigen. Im Rahmen der Krisenbegleitung wird der Blick des Betroffenen auf bereits vergangene Problemlösungserfolge gerichtet, um diese für die aktuellen Herausforderungen wahrnehmbar und nutzbar zu machen. In einem Beratungskontext verwendet der Begleiter zum Beispiel ressourcenaktivierende Fragen und fokussiert den Blick auf die für das Anliegen relevante Identifikation von Faktoren, die zur Problembewältigung beitragen können.

Diese Fragen werden nach den unten stehenden Kriterien differenziert:

**Fragen zur Motivation/positiven Absicht**

- Wofür ist es wichtig, dass Sie sich so verhalten?
- Welche Absicht verfolgen Sie mit Ihrem Verhalten?
- Welche Beweggründe leiten Sie?
- Was motiviert Sie, sich derzeitig so zu verhalten?

**Fragen zur Differenzierung**

- Was haben Sie bisher unternommen, damit Sie zu einem positiven Ergebnis kommen?
- Welche Strategie haben Sie dabei verfolgt?
- Wann haben Sie einmal eine ähnliche Situation erlebt? Wie haben Sie in dieser Situation gehandelt?
- Was ist Ihnen in dieser ähnlichen Situation gelungen/leicht gefallen?
- Was können Sie aus dieser Erfahrung für heute aufgreifen?

**Fragen zur Prozesshistorie**

- Was ist bisher gut gelaufen?
- Womit sind Sie zufrieden?
- Was genau hat dazu beigetragen, dass es gut gelaufen ist/dass Sie zufrieden sind?
- Wer hat zu dem guten Verlauf beigetragen?
- Was hat zu dem guten Verlauf beigetragen?
- Was genau ist Ihnen dabei gut gelungen?
- Was möchten Sie unbedingt beibehalten?
- Was möchten Sie verstärken?

**Fragen zur Intensivierung der Ressourcen**

- Was machen Sie gerne?
- Wofür begeistern Sie sich?
- Worauf sind Sie stolz?
- Was ist Ihre spezielle Kompetenz/Ihre Begabung?
- Was müssen Sie tun, um mehr davon zu bekommen?

**Fragen zu den internen Ressourcen**

- Was fällt Ihnen leicht? Was können Sie gut?
- Was mögen Sie an sich? Was mögen andere an Ihnen?
- Was wissen Sie über sich, das Ihnen sagt, dass Sie die derzeitige Situation gut bewältigen können bzw. das Ziel erreichen können?
- Wann haben Sie schon einmal ein ähnliches Problem bewältigt?
- Was hat Ihnen dabei geholfen?
- Welche der vielen in Ihnen vorhandenen Fähigkeiten wäre jetzt besonders hilfreich?

**Fragen zu den externen Ressourcen**

- Wer kann Ihnen bei der Zielerreichung helfen?
- Wer kann Sie motivieren, bei Zweifeln durchzuhalten?
- Wer hat schon einmal ein ähnliches Ziel angesteuert und könnte Sie unterstützen?
- Auf wen können Sie sich gut verlassen?
- Wer hält viel von Ihnen und meint es gut mit Ihnen?
- Was könnte Ihnen helfen bei der Zielerreichung?
- Von wem möchten Sie Hilfe annehmen?
- Wann brauchen Sie besondere Unterstützung?

Außerdem kann der Berater dem Betroffenen in Krisensituationen oder Ohnmachtszuständen Perspektivenwechsel auslösende Fragen stellen, weil diese die Aufmerksamkeit auf die Sichtweise anderer am Problem Beteiligten, wie zum Beispiel Freunde, Familienmitglieder und Kollegen lenken. „Das ressourcenorientierte Denken veranlasst zur Berücksichtigung der ganzen Person mit ihrer Lebensgeschichte sowie zur Beachtung des gesamten Systems, in dem die Person lebt" (Antonovsky 1993, S. 12). Erst der Blick auf die individuelle Lebensgeschichte bietet die Möglichkeit, „[…] die so bedeutungsvollen Ressourcen und Potenziale aufzufinden, die […] beitragen […], Kontrolle über die gegebenen Lebensbedingungen [zu] mobilisieren" (Lorenz 2005, S. 32).

## 7.6    Das Zürcher Ressourcen Modell

Das Zürcher Ressourcen Modell (ZRM) bietet eine professionelle und gezielte Unterstützung für Individuen, die in Belastungssituationen oder Zielentwicklungsprozessen stehen und die Absicht haben, Bewältigungsformen und Strategien selbstbestimmt zu entwickeln und umzusetzen. Das Modell beinhaltet nicht nur Interventionen, sondern auch das dazugehörige Training. Das ZRM wurde in den 90er Jahren empirisch belegt. In einer Wirksamkeitsstudie wurden angehenden Lehrkräften praxisrelevante Methoden zum Selbstmanagement angeboten, die ebenfalls zur Prävention von Burn-out verwendet werden können (Krause und Storch 2007). Anhand der Studien ließ sich nachweisen, dass Personen, die ein Training nach dem Zürcher Ressourcen Modell belegt haben, anschließend einen deutlich gesteigerten Selbstwert, erhöhte Bewältigungsstrategien und ein stärker ausgeprägtes, selbstbestimmtes und verantwortliches Handeln sowie eine deutlich positivere Lebenseinstellung zeigten.

Die Theorie des ZRM verfolgt nicht nur einen spezifischen Ansatz, sondern integriert zahlreiche Erkenntnisse aus der Motivationspsychologie, der Neurowissenschaft und der Psychoanalyse. Der Ansatz des Modells lässt sich primär der humanistischen Psychologie zuordnen (Krause und Storch 2007). Das Modell beinhaltet einen salutogenetischen Ansatz; folglich setzt es voraus, dass Individuen über eine Vielzahl an Ressourcen verfügen, die es zur Bewältigung von Problemen in Situationen erlebter Ohnmacht und Scham durch Coaching oder Beratung zu fördern sind.

> **Zu Beginn des Coachingprozesses stehen zunächst zwei Fragen im Mittelpunkt**
>
> 1. In welchem Zustand befindet sich der Klient, wenn er ein Coaching aufnimmt?
> 2. Was genau braucht der Klient an Unterstützung oder Stärkung durch das Coaching?

Diese Fragen gilt es, im Rahmen der Diagnose und Interventionsauswahl sorgsam zu beantworten. Wird das ZRM im Coachingprozess eingesetzt, so verwendet der Coach ressourcenaktivierende Tools, um das Individuum zu unterstützen, Belastungssituationen zu bewältigen und selbstbestimmt Ziele zu entwickeln, die in zielgerichteten Handlungen münden. Der ressourcenorientierte Ansatz des ZRM geht von der Grundannahme aus, dass der Mensch ein positives Veränderungspotenzial in sich trägt. Folglich besteht die Aufgabe des Beraters darin, das Individuum anzuleiten, diese Ressourcen zu entdecken und zu stärken. Im ZRM definieren Krause und Storch (2007) den Terminus „Ressource" neurobiologisch; dieser Begriff impliziert folglich alle Aspekte, die wohladaptive und gesundheitsfördernde neuronale Netzwerke aktivieren und damit Bewältigungsstrategien stärken, um gewünschte Ziele erreichbar zu machen.

Ein weiteres Element des ZRM bilden Emotionen, die als wesentliche Träger von Motivation betrachtet werden. In diesem Kontext sei die Theorie der somatischen Marker von Damasio (1994) erwähnt. Nach Damasio werden somatische Marker als ein biologisches Bewertungssystem benannt, das auf der Basis von Erfahrungen entsteht und über Körpersignale und emotionale Signale verläuft. Demzufolge steuern somatische Marker das Akzeptanz- und Vermeidungsverhalten. Jede Erfahrung, die ein Organismus gemacht hat, hinterlässt einen somatischen Marker, der eine Bewertung dieser Erfahrung speichert. Befindet sich der Organismus später in einer Situation, die der alten Erfahrung ähnelt, erfährt die Person über den somatischen Marker schnell, welche Erfahrungen sie bisher zu dieser spezifischen Situation gesammelt hat. Folglich lösen Körpersignale oder Emotionen gemäß Damasio entscheidende Signale zum Beenden oder Fortsetzen in Bewältigungssituationen und Motivationsprozessen aus. Kuhl (2001) hat in seinen motivationspsychologischen Überlegungen dargelegt, dass einem positiven Affekt eine entscheidende Rolle in der Willensanbahnung zukommt. Somatische Marker werden sehr individuell und auch situativ unterschiedlich wahrgenommen. In Kontexten mit verschiedenen Handlungsalternativen signalisieren die somatischen Marker eine positive oder negative Einschätzung einer jeweiligen Handlungsoption bzw. Handlungsalternative. Folglich sind somatische Marker als Bewertungssignale zu betrachten, die aus dem unbewussten emotionalen Erfahrungsgedächtnis resultieren und wie Abkürzungen im Gehirn agieren. Menschen nehmen somatische Marker entweder als Körperwahrnehmungen, als Gefühle oder eine Kombination aus beiden Elementen wahr. Im Coachingprozess gilt es, mit dem Klienten die somatischen Marker zu erkennen und diese als Entscheidungshilfen im Prozess zu nutzen.

**Als wesentliche Interventionen im Coaching bieten sich gemäß ZRM folgende drei Maßgaben an**

1. Der Klient muss ein Annäherungsziel und nicht ein Vermeidungsziel definieren. Demzufolge muss dieses Ziel immer positiv formuliert sein.
2. Die Umsetzbarkeit und Erreichbarkeit des Zieles muss ausschließlich in der Rolle des Klienten liegen.
3. Das Ziel muss durch einen deutlich wahrnehmbaren positiven somatischen Marker gekennzeichnet sein.

Die Aufgabe des Coaches besteht darin, die oben genannten Kriterien gegenüber dem Klienten zu erläutern und die Person bei der Bearbeitung ihres Anliegens in eine handlungswirksame Zielerreichung zu begleiten. Nach Damasio (1994) wird das emotionale Erfahrungsgedächtnis im Coachingprozess genutzt, indem mithilfe der somatischen Marker gemeinsam mit dem Klienten Bewertungen definiert und Bewältigungsstrategien aufgebaut werden. Auch wenn die Bewertungsprozesse bisweilen im Unterbewusstsein verlaufen, können die Signale der erfolgten Bewertung wahrgenommen werden. Diese Signale können von der Person selbst wie vom Coach erkannt werden, weil sie sich über körperliche Erscheinungsformen ausdrücken: Erleben Menschen einen positiven somatischen Marker, zeigen sie in der Regel deutlich sichtbare Zeichen der Zufriedenheit. Bei der Arbeit mit dem Zürcher Ressourcenmodell geht es somit im Coachingprozess um die Veränderung der Hirnstruktur, die sowohl bewusste, als auch unbewusste Inhalte enthält. Die unbewussten Inhalte werden dem Menschen über somatische Marker bewusst. Demzufolge kann der erfahrene Berater im Coachingprozess schnell wahrnehmen, ob der Klient im Zustand der Motivation oder der Vermeidung befindet.

Ziel des Zürcher Ressourcen Modell ist es, Klienten auch in Stresssituationen – so wie K. es in „Der Prozess" von Franz Kafka in Form von unnachvollziehbarer Machtausübung und Unterdrückung sowie Ohnmachtserleben erfahren hat – dazu anzuleiten, die eigenen Stärken aufzurufen, sich an vergangene Bewältigungserfolge zu erinnern, die entsprechenden somatischen Marker wahrzunehmen und die adäquaten Strategien und Verhaltensweisen zur Bewältigung zu nutzen. Ein wesentliches Kriterium des ZRM ist die Transfersicherung des Coachingprozesses in den lebens- und arbeitsweltlichen Alltag. In den Coachingsitzungen werden mit den Betroffenen nicht nur spezifische individuelle Themen bearbeitet. Der Coach kann auch Expertenwissen auf den Betroffenen transferieren und damit eine Entlastung im Hinblick auf seine Problemsituation anbieten, um so Hilfe zur Selbsthilfe in

Problem- und Überforderungssituationen zur Verfügung zu stellen und dem Betroffenen zu einer Erweiterung seiner Selbstkompetenz anzuleiten. Verfolgt wird dabei das Ziel, dass der Betroffene unerwünschte Verhaltensmuster ablegt bzw. verlernt und sich neue Verhaltensmuster aufbaut, die er zu Routinen entwickelt.

# Reflexion und Schlussfolgerungen 8

Franz Kafkas berühmtes literarisches Werk „Der Prozess" beschreibt die Verhaftung und das Scheitern des Josef K. vor Gericht. Die einzigartige parabolische Erzählweise, die das ausweglose Dasein des Protagonisten K. veranschaulicht, fordert den aufmerksamen Leser aufgrund der Komplexität des Romans immer wieder zu einer neuen Auseinandersetzung mit dem Text auf. Dies macht das Stück zu einem zeitlosen Werk der Weltliteratur mit aktueller Relevanz. Seine Themen, insbesondere die Ohnmachts- und Unterlegenheitsgefühle des Protagonisten, gleichen dem emotionalen Erleben vieler Individuen in der heutigen Arbeitswelt. Auch heute erleben Beschäftigte vielfach Zustände von Überforderung – u. a. ausgelöst durch die weltweite Digitalisierung und die resultierende Allgegenwärtigkeit beruflicher Anforderungen, die eine klare Trennung zwischen Berufs- und Privatleben zunehmend erschwert.

Vor dem Hintergrund der gestiegenen arbeitsweltlichen Anforderungen an Individuen gewinnen extrafunktionale Kompetenzen neben der reinen Experten- bzw. akademischen Ausbildung stark an Bedeutung. Um dem hohen Maß an Koordinationsleistungen in den komplexen und sich ständig weiter entwickelnden Organisationsstrukturen gerecht werden zu können, steigt der Bedarf an professioneller Prozess- und Selbstreflexion sowie die Notwendigkeit zur Bereitschaft permanenter Weiterentwicklung. In diesem Kontext trifft Coaching wie kaum ein anderes Beratungsangebot den Zeitgeist und etabliert sich als ein Beratungsformat zur Begleitung bei der Bewältigung der beschleunigten Prozesse der Individualisierung, der zunehmenden Belastung durch disruptive organisationale Wandlungsprozesse und der Komplexitätssteigerung der arbeits- und lebensweltlichen Anforderungen. So erleben Menschen derzeit eine digitale Revolution der Arbeitswelt, die ihren Arbeitsplatz fundamental verändert: Die Nutzung von Social Media führt zu vollkommen neuen Möglichkeiten der Kommunikation – mit Vor- und Nachteilen. Da durch die Digitalisierung die Übergänge zwischen

© Springer Fachmedien Wiesbaden GmbH 2018
L. Hinkelmann und R. Hinkelmann, *Macht und Ohnmacht,* essentials,
DOI 10.1007/978-3-658-18820-7_8

Lebens- und Arbeitswelt immer stärker verschwimmen und Arbeitsprozesse tendenziell eine Omnipräsenz einnehmen, entstehen für die Arbeitenden Zustände von Überlastung und Ohnmachtserleben. Hier unterstützt Coaching Menschen bei der Reduktion von Krisenpotenzialen und der Stärkung für die Arbeitsfähigkeit und die autonome Lebensführung. Es bietet gezielte Begleitung zur Bearbeitung dieses Krisenpotenzials durch den Aufbau von Bewältigungsstrategien und Ressourcenstärkung. Folglich nimmt professionelles Coaching unter den derzeitigen gesellschaftlichen Rahmenbedingungen für Individuen in der Arbeitswelt einen bedeutenden Stellenwert ein.

Dieses *essential* leistet einen Beitrag dazu, den Transfer eines Werkes aus der Weltliteratur auf den arbeitsweltlichen Anforderungskontext des 21. Jahrhunderts herzustellen. Des Weiteren werden Interventionen professioneller Krisenbewältigung dargestellt, die dem Protagonisten in seiner Situation mehr Handlungskompetenz und Autonomie verschafft hätten und auch heute Menschen mit ähnlichen Ohnmachtsgefühlen in die Lage versetzen können, ihr Selbstmanagement in Zuständen von Überforderung und Machtlosigkeit durch zielgerichtete Bewältigungsstrategien zu sichern, damit ihnen langfristig ein zufriedenstellendes und gesunderhaltendes Arbeiten und Leben unter den stark gestiegenen beruflichen Anforderungen gelingen kann.

# Was Sie aus diesem *essential* mitnehmen können

- Menschen in Belastungssituationen können durch professionelles Coaching und Beratung gezielt zur Ressourcenaktivierung und zum Aufbau von Bewältigungsstrategien angeleitet werden.
- Die Interventionsauswahl ist spezifisch auf die Anforderungen, die aus den Belastungssituationen resultieren, anzupassen.
- Die Erfolgsvariablen des Coachings bestehen in einer gezielten Prozesssteuerung, in einer professionellen Ressourcenaktivierung sowie in einem gezielten Praxistransfer für die jeweiligen Belastungssituationen.
- Klassische Werke der Weltliteratur können unter dem Aspekt erfolgreicher Coachinginterventionen neu betrachtet werden und eine Perspektivenerweiterung in Bezug auf potenzielle Bewältigungsstrategien und Krisenkompetenz erfahren.

© Springer Fachmedien Wiesbaden GmbH 2018
L. Hinkelmann und R. Hinkelmann, *Macht und Ohnmacht,* essentials,
DOI 10.1007/978-3-658-18820-7

# Literatur

## Primärliteratur

Kafka, F. (2000). *Der Prozeß. Text und Kommentar.* Frankfurt a. M.: Suhrkamp.
Kafka, F. (2008). *Brief an den Vater.* Köln: Anaconda Verlag.

## Sekundärliteratur

Abraham, U. (1985). *Der verhörte Held. Verhöre, Urteile und die Rede von Recht und Schuld im Werk Franz Kafkas.* München: Fink.
Alt, P.-A. (2005). *Franz Kafka. Der Ewige Sohn. Eine Biographie.* München: Beck.
Antonovsky, A. (1993). Gesundheitsforschung versus Krankheitsforschung. In A. Franke & M. Broda (Hrsg.), *Psychosomatische Gesundheit. Versuch einer Abkehr vom Pathogenese-Konzept* (S. 3–14). Tübingen: DGVT.
Auchter T. (1998). Die Bedeutung der Scham für den Umgang mit seelisch kranken Menschen. *Wege zum Menschen, 50*(3), 119.
Behrendt, P. (2006). Wirkung und Wirkfaktoren von psychodramatischem Coaching. Eine experimentelle Evaluationsstudie. *Zeitschrift für Psychodrama und Soziometrie, 5*(1), 59–87.
Bengel, J., & Lyssenko, L. (2012). *Resilienz und psychologische Schutzfaktoren im Erwachsenenalter. Stand der Forschung zu psychologischen Schutzfaktoren von Gesundheit im Erwachsenenalter.* Köln: Bundeszentrale für gesundheitliche Aufklärung.
Bengel, J., Meinders-Lücking, F. & Rottmann, N. (2009). Schutzfaktoren bei Kindern und Jugendlichen. Stand der Forschung zu psychosozialen Schutzfaktoren für Gesundheit. In *Forschung und Praxis der Gesundheitsförderung* (Bd. 35, S. 167–182). Köln: Bundeszentrale für gesundheitliche Aufklärung.
Canetti, E. (1970). *Der andere Prozeß. Kafkas Briefe an Felice.* München: Hanser.
Carver, C., Scheier, M. F., & Weintraub, J. K. (1989). Assessing coping strategies. A theoretically based approach. *Journal of Personality and Social Psychology, 56*(2), 267–283.

© Springer Fachmedien Wiesbaden GmbH 2018
L. Hinkelmann und R. Hinkelmann, *Macht und Ohnmacht,* essentials,
DOI 10.1007/978-3-658-18820-7

Damasio, A. (1994). *Descartes' Irrtum. Fühlen, Denken und das menschliche Gehirn* (1. Aufl.). München: List Taschenbuch.

Dornes, M. (2000). In G. Stumm & A. Prinz (Hrsg.), *Wörterbuch der Psychotherapie* (1. Aufl.). Wien: Zweitausendundeins.

Foucault, M. (1993). *Überwachen und Strafen. Die Geburt des Gefängnisses.* Frankfurt a. M.: Suhrkamp.

Frank-Rieser, E. (2000). In G. Stumm & A. Prinz (Hrsg.), *Wörterbuch der Psychotherapie* (1. Aufl.). Wien: Zweitausendundeins.

Fröhlich-Gildhoff, K., & Rönnau-Böse, M. (2011). *Resilienz.* München: Reinhardt.

Grawe, K. (1998). *Psychologische Therapie.* Göttingen: Hogrefe.

Haberle, K. (2013). *Macht und kognitive Flexibilität.* Wiesbaden: Springer.

Hage, V. (2014). Der Dichter unserer Zukunft. *DER SPIEGEL, 40,* 117–124.

Hilgers, M. (1997). *Scham. Gesichter eines Affekts* (2. Aufl.). Göttingen: Vandenhoeck & Ruprecht.

Hinkelmann, R. (2017). *Transformationsmanagement-Trainings erfolgreich leiten.* Bonn: managerSeminare Verlags GmbH.

Hosak, U. (2006). Konzeptgebundene Strukturierung und differentielle Diagnostik am Beispiel eines Einzelcoachings. In U. Straumann & C. Zimmermann-Lotz (Hrsg.), *Personzentriertes Coaching und Supervision – ein interdisziplinärer Balanceakt* (S. 117–127). Kröning: Asanger-Verlag.

Izard, C. E. (1981). *Die Emotionen des Menschen* (1. übersetzte Aufl.). Weinheim: Beltz-PVU.

Krämer, H., Wahrig, G., & Zimmermann, H. (1982). *Brockhaus Wahrig. Deutsches Wörterbuch in sechs Bänden.* Stuttgart: F. A. Brockhaus.

Kuhl, J. & Kazén, M. (1994). Self discrimination and memory: State orientation and false self-ascription of assigned activities. *Journal of Personality and Social Psychology, 66*(6), 29–115.

Kuhl, J., & Kazén, M. (1999). Volitional facilitation of difficult intentions: Joint activation of intention memory and positive affect removes stroop interference. *Journal of Experimental Psychology, 128,* 382–399.

Kuhl, J. (2001). *Motivation und Persönlichkeit. Interaktionen psychischer Systeme.* Göttingen: Hogrefe.

Kuhl, J., Kazén, M., & Koole, S. L. (2006). Putting self-regulation theory into practice. *A user's manual. Applied Psychology, 55*(3), 408–418.

Krause, F., & Storch, M. (2007). *Selbstmanagement – Ressourcenorientiert. Grundlagen und Trainings für die Arbeit mit dem Züricher Ressourcen Modell – ZRM* (4. vollständig überarbeitete und erweiterte Aufl.). Bern: Huber.

Krause, R., Steiner-Krause, E., & Ullrich, B. (1992). Anwendung der Affektforschung auf die psychoanalytisch-psychotherapeutische Praxis. *Form der Psychoanalyse, 8,* 238–253.

Laucht, M., Esser, G., Schmidt, M.-H., Ihle, W., Marcus, A., Stöhr, R. M., et al. (1996). Viereinhalb Jahre danach: Mannheimer Risikokinder im Vorschulalter. *Zeitschrift für Kinder- und Jugendpsychiatrie und Psychotherapie, 24,* 67–81.

Laucht, M., Esser, G., & Schmidt, M.-H. (2000). Längsschnittforschung zur Entwicklungsepidemiologie psychischer Störungen. Zielsetzungen, Konzeption und zentrale Befunde der Mannheimer Risikokinderstudie. *Zeitschrift für Klinische Psychologie und Psychotherapie, 29*(4), 246–262.

Laux, L. & Weber, H. (1990). Bewältigung von Emotionen. In K. R. Scherer (Hrsg.), *Enzyklopädie der Psychologie (C/IV/3)*. *Psychologie der Emotionen* (S. 590–629). Göttingen: Hogrefe.

Lazarus, R. S., & Lazarus, B. N. (1994). *Passion and reason. Making sense of our emotions.* New York: Oxford University Press.

Lewin, K. (1963). *Feldtheorie in den Sozialwissenschaften.* Bern: Huber.

Lexer, M. (1992). *Mittelhochdeutsches Handwörterbuch.* Stuttgart: Hirzel.

Lorenz, R. (2005). *Salutogenese. Grundwissen für Psychologen, Mediziner, Gesundheits- und Pflegewissenschaftler.* München: Ernst Reinhardt.

Martens, J. U., & Kuhl, J. (2004). *Die Kunst der Selbstmotivierung. Neue Erkenntnisse der Motivationsforschung praktisch nützen* (1. Aufl.). Stuttgart: Kohlhammer.

Marti, U. (1999). *Michel Foucault.* München: Beck.

Maurer, I. (2006). Verhaltenssteuerung durch emotionale Selbstregulation im Coaching. In U. Straumann & C. Zimmermann-Lotz (Hrsg.), *Personzentriertes Coaching und Supervision – ein interdisziplinärer Balanceakt* (S. 144–159). Kröning: Asanger-Verlag.

Nietzsche, F. W. (1883). *Also sprach Zarathustra. Ein Buch für Alle und Keinen.* Chemnitz: Ernst Schmeitzner.

Oettingen, G. (1997). *Psychologie des Zukunftdenkens.* Göttingen: Hogrefe.

Petzold, H. G. (2007). *Integrative Supervision, Meta-Consulting, Organisationsentwicklung.* Paderborn: Junfermann.

Rampe, M. (2005). *Der R-Faktor. Das Geheimnis unserer inneren Stärke.* München: Knaur.

Rapp, M. (2008). Wirksamkeit der Gesprächspsychotherapie in der stationären Alkoholentwöhnungsbehandlung. http://www.gwg-ev.org/sites/default/files/Endfassung.pdf. Zugegriffen: 01. Dez. 2014.

Rutter, M. (1990). Psychosocial resilience and protective mechanisms. In J. Rolf, A. S. Masten, D. Cicchetti, K. H. Nuechterlein, & S. Weinhaus (Hrsg.), *Risk and protective factors in the development of psychopathology* (S. 181–214). New York: Cambridge University Press.

Schreyögg, A. (2005). Imaginativer Rollentausch. In C. Rauen (Hrsg.), *Coaching-Tools. Erfolgreiche Coaches präsentieren 60 Interventionstechniken aus ihrer Coaching-Praxis* (S. 205–207). Bonn: managerSeminare.

Speierer, G.-W. (2013). Die Differenzierung der Inkongruenz als Ansatzpunkt von Beratung. In S. B. Gahleitner, I. Maurer, E. Oja Ploil, & U. Straumann (Hrsg.), *Personzentriert beraten: Alles Rogers? Theoretische und praktische Weiterentwicklungen.* Weinheim: Beltz Juventa.

Tausch, R., & Tausch, A. (1990). *Gesprächspsychotherapie. Hilfreiche Gruppen- und Einzelgespräche in Psychotherapie und alltäglichem Leben.* Göttingen: Hogrefe.

Watzlawick, P., Weakland, J. H., & Fisch, R. (2001). *Lösungen – Zur Therapie und Praxis menschlichen Wandelns.* Bern: Huber.

Weber, M. (2002). *Wirtschaft und Gesellschaft. Grundriß der verstehenden Soziologie.* Tübingen: Mohr Siebeck(Erstveöffentlichung 1921, weitere Veröffentlichung 1980).

Werner, E. E. & Smith, R. S. (2001). *Journeys from childhood to midlife. Risk, resilience and recovery.* Ithara: Cornell University Press.

Wurmser, L. (1998). *Die Maske der Scham. Die Psychoanalyse von Schamaffekten und Schamkonflikten* (3. Aufl.). Berlin: Springer.
Wustmann, C. (2004). *Resilienz. Widerstandsfähigkeit von Kindern in Tageseinrichtungen fördern*. Weinheim: Beltz.
Zimmermann, H. D. (1985). *Der babylonische Dolmetscher – zu Franz Kafka und Robert Walser*. Frankfurt a. M.: Suhrkamp.

## Internetquellen

https://upload.wikimedia.org/wikipedia/commons/d/d3/Franz_Kafka_1917.jpg.

## Bildquellen

C. O. Bartning, Lithografie 1969, Illustration zu Frank Kafka „Der Prozess, Blatt 4, die Hinrichtung".